韓国現代政治の理解

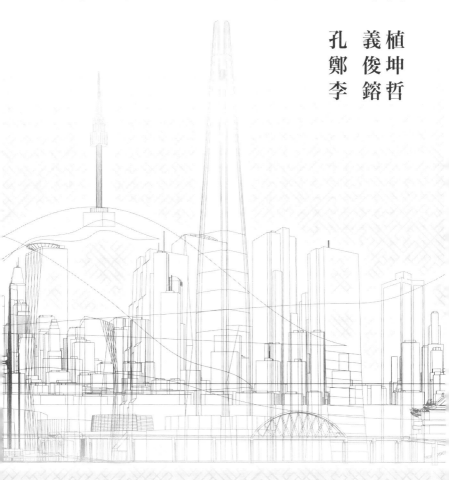

孔 義植
鄭 俊坤
李 鎔哲

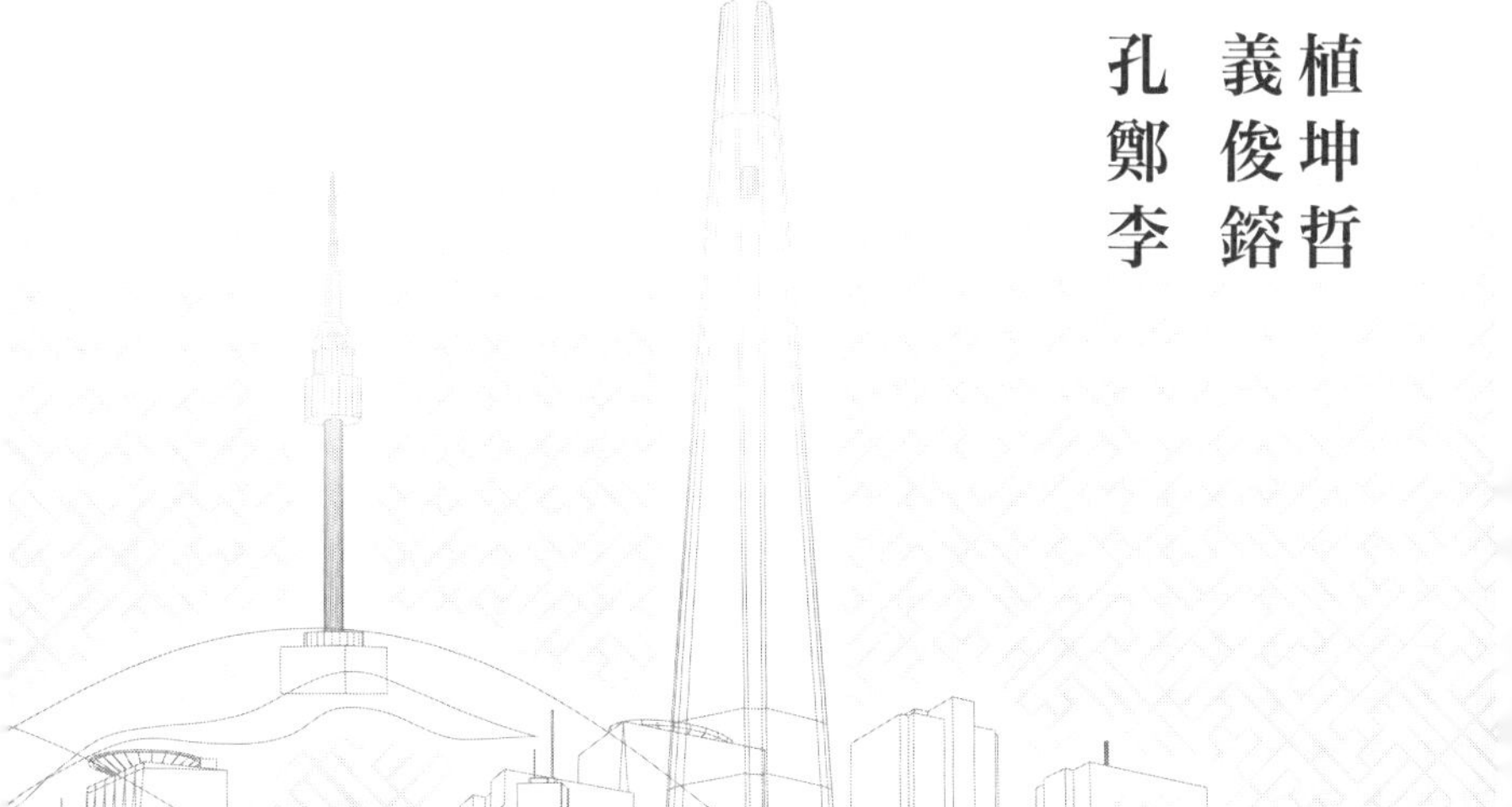

芦書房

まえがき

大韓民国政府が一九四八年八月一五日に樹立されてから今年で七二年が経過した。今日の朝鮮半島を取り巻く国際情勢および国内における葛藤や対立、そして変革が求められている情勢は七二年前とさほど変わっていない。

韓国の歴史を振り返ってみると、近現代の一五〇余年間は最も激しく幅広い変革を経験した時期といえる。韓国政治はこの時期に、植民地支配、解放、米軍政、分断、戦争、学生革命、軍事クーデター、軍部独裁、民主化運動というダイナミックな政治変動を経験した。こうした政治過程は、韓国政治が葛藤と闘争、それに伴う混乱の連続であったことを物語っている。

韓国の近現代史は、封建的身分秩序の打破、反外勢、反権力という抵抗の歴史であった。民衆は、これらの抵抗を通じて人間の尊厳に基づく自由と平等を主張してきた。また、それは西欧民主主義の模倣でもなければ、国家権力や支配勢力による意図された運動でもなかった。それは民衆による自発的な運動であり、そこには自然発生的な民主主義と民族主義という政治理念が認められるのである。なぜなら、それらの運動は、既得権を持つ非民主的な権力に対する抵抗として、あるいは国権を脅かす外国勢力に対する抵抗として機能するというイデオロギー的性格を併せ持っていたからである。つまり、韓国政治の伝統には、制度として西欧民主政治が移植される以前から民主政治の基礎となる民衆運動が存在していたのであり、それが韓国の政治発展の原動力であり、民主化のエネルギーであった。

こうした抵抗の歴史は、必然的に韓国の近現代史をダイナミックなものとした。民衆の要求が制度的枠組みのなかで穏やかなプロセスをとるのではなく、革命やクーデター、あるいは民主化闘争という激しい対立と抵抗によって表出されたからである。

こうした韓国近現代史の特徴から、本書では韓国の現代政治を、反民主勢力に対する民主勢力の闘争と抵抗のプロセスととらえ、その枠組みに従って稿を進める。つまり、韓国の現代政治を権威主義政治から民主政治へと移行していく過程ととらえ、韓国の現代政治がどのような過程を経て今日に至り、それが現在の政治制度や政治過程にどのように反映されているのか、さらに、それがこれからの韓国政治をどのように変えていくのかという視点から議論を進めていく。

本書は既刊の『韓国現代政治を読む』を基調とし、「李明博政権から文在寅政権に至るまでの部分」などを新たに追加した。また最近の変化に応じて内容とデータの修正と追加を行うとともに、全体的な見直しを経て、今回、『韓国現代政治の理解』というタイトルで新たに出版することになった。ここに読者の皆様の理解を願い、本書の構成について簡略に紹介する。

本書は全六章で構成され、歴史的概観、制度的考察、政治過程、市民社会の動きやナショナリズム、政治文化、外交政策などを取り上げ、韓国政治の全体的な理解を深められるよう心掛けて論述した。

第一章は、一九四五年から文在寅政権に至るまでの、韓国現代政治について歴史的に概観した。ここでは、解放、米軍政、分断、朝鮮戦争、学生革命、軍事クーデター、軍部独裁、民主化、ロウソク集会などに見られる韓国の現代政治過程を概観した。「民主化宣言」以前は、反民主勢力に対する民主勢力の抵抗という観点から、「民主化宣言」以後は、文民政権による改革という観点から整理した。

第二章は、韓国の政治制度、政治過程、司法制度を取り上げた。現在の韓国の政治制度と政治過程、そして司法制度には、ダイナミックな韓国の現代政治史がよく反映されている。ここでは、こうした政治制度や政治過程を民主主義の制度化という観点から分析していく。

第三章は、韓国の民主化と市民社会である。ここでは、民主化運動により「民主化宣言」がなされる過程やその意義を述べた後、「民主化宣言」以後、民主化運動のエネルギーが市民運動へと移行していく過程を市民社会の発展という視点から分析した。

第四章は、最近、韓国の政治過程で大きな変数として登場している「インターネット政治」(e-politics)に注目し、e-ポリティクスがもたらす韓国の政治・社会の変化、問題点などについて最新のデータを用いて論じた。

第五章は、韓国の政治文化とナショナリズムがどのように形成され、どのような特徴を持っているのかについて考察じた。ここでは、韓国政治文化の本質と構造的な特徴を韓国ナショナリズムとの関連から分析した。

第六章は、韓国の外交政策と南北関係について論じた。外交政策については、その目的と決定要因、決定機構の特徴を説明し、今後の課題を提示した。、南北関係については、冷戦期と脱冷戦期の

展開過程を検討し、現在の南北関係および韓国と北朝鮮の平和統一案を比較考察した

一九八七年の「民主化宣言」以後の韓国政治は、急速に変貌しつつある。こうした変貌は、政治制度や法律の改正のみでなく、国民意識の改革や社会構造の改造に至るまで浸透しており、社会の全分野に及んでいる。冒頭でも述べたように韓国政治におけるキーワードは、「変化と改革」といっても過言ではない。

以上の視点からの韓国政治の全体的な枠組み分析を通じて、読者が現在または今後の韓国政治のダイナミックな変化と改革について、さらには韓国政治の近未来の方向性について理解するうえで少しでも役立てば幸いである。

なお、本書では、日本の通例に従って大韓民国を韓国と略し、朝鮮民主主義人民共和国を北朝鮮と略す。李朝時代と日本の植民地時代については朝鮮という呼称を使用する。植民地支配から解放された一九四五年から、韓国と北朝鮮の政府がそれぞれ樹立される一九四八年までの時期については、朝鮮半島を分断した北緯三八度線の以南を南朝鮮、以北を北朝鮮と呼ぶことにする。

二〇二〇年七月

孔　義植
鄭　俊坤
李　鎔哲

もくじ

第2章 韓国の政治制度と司法制度

第3章 韓国の民主化と市民運動

第4章　韓国の市民社会の変化とe-ポリティクス

第5章　韓国政治文化とナショナリズム

第6章　韓国の外交と南北関係

朝鮮半島地図

軍事境界線
道境
ソウル特別市
広域市（6市）
131ページの図参照
中華人民共和国
朝鮮民主主義人民共和国
大韓民国
日本
咸鏡北道
清津
恵山
両江道
江界
慈江道
咸鏡南道
新義州
平安北道
咸興
平安南道
元山
平壌
南浦
黄海北道
江原道
沙理院
黄海南道
海州
開城
京畿道
春川
江陵
江原道
ソウル
仁川
東海
水原
忠州
忠清北道
忠清南道
清州
慶尚北道
世宗
大田
全州
大邱
慶州
全羅北道
蔚山
慶尚南道
光州
馬山
釜山
全羅南道
済州道
済州
0
100km
42
40
38
36
34N
124E
126
128
130

第1章　韓国現代政治の歴史的概観

1　南北分断と米軍政（一九四五〜一九四八年）

1　解放直後の政局

三六年間の日本の植民地支配を経て一九四五年に解放された朝鮮において、解放後の三年間は現代韓国社会を形成するうえで、最も重要な時期であった。この時期、韓国社会の方向性や再編成を左右した主役はアメリカであったことは明白であり、そのために当時のアメリカが朝鮮についてどのような認識と情報を持って占領（米軍政）を行っていたのかについて理解することは、今日の韓国社会を理解するうえで極めて重要である。社会システムや人的側面での方向性はそのほとんどがこの時期に設定されたからである。

日本の植民地支配から解放された朝鮮民族には成し遂げるべきいくつかの重要な課題があった。それは、まず、自主独立国家の樹立であり、次は日本の植民地支配下において協力していた反民族親日勢力に対する審判と排除を行うことによって民族のアイデンティティと社会的一体感を醸成することであった。また、植民地下で奪われた経済的基盤の回復を進めること、すなわち自主的な経済基盤を確立することも課題であった。

しかしながら、一九四五年に解放を迎えた朝鮮民族を待ち受けていたものは、独立ではなく米・ソによる新たな支配と南北分断であった。最初は連合国による日本軍（関東軍と一七方面軍）の武力解除のためであると考えられた北緯三八度線は、不幸にも米・ソによる冷戦体制の下で、実質的な占領の分割線となり、その分断状況は七〇余年が過ぎた今日まで続いている。

一九四五年八月一五日に日本は降伏したが、すでにソ連は八月八日には朝鮮半島北部に入り、八月二四日には三八度線まで達していた。このような事態に危機感を持ったアメリカは、急遽九月八日に、J・ホッジ（John R. Hodge）中将を指揮官とする米陸軍第二四軍団を仁川《インチョン》に上陸させ、朝鮮半島南部（南朝鮮）に対する支配を開始した。

すでにこのころ、建国同盟などを組織して国内で独立運動を行っていた呂運亨《ヨウンヒョン》などは、日本総督府とのあいだで日本の敗戦後の治安維持と日本人の帰国などについて協議をしていた。彼らが率いる建国準備委員会（以下「建準」）は八月末までに全国で一四五カ所の地方支部を設立し、解放政局をある程度収拾し、建国の方向・指向性を示す最初の論議の場を作り、国民的関心を集めることで左右に分かれて対立していた勢力の統合を試みていた。

そのような状況下で「建準」は右派の大多数を排除した中間派と左派を中心に結成された（その構成勢力は、呂運亨の建国同盟を中心とする中道左派勢力と、安在鴻《アンジェホン》中心の右派民族主義勢力、共産主義勢力が中心となって形成されていた。しかし、内部での左右の分裂により、左派勢力が強化された）。一方、韓国民主党は、植民地下で積極的な反日闘争に加わらなかっただけでなく、社会・経済的な基盤も支配階級的属性を持つ右派中心に結成されていたので、「建準」と「上海臨時政府」（一九一九年三・一独立運動直後、朝鮮の独立のため中国の上海で組織された韓国臨時政府〈初代大統領は李承晩《イスンマン》〉。その後日本軍の侵略によって中国国民党政府とともに重慶に移動し、一九四五年の日本の敗戦まで独立運動を指導・統轄した）の両者から批判を受けた。

上海臨時政府は帰国後「建国過程での親日派勢力の排除」を主張した。そのため、右派は「建準」と穏健左派を共産主義者と規定し、「上海臨時政府」とも一定の距離を置いた。右派は突破口として、まず、中国とアメリカにおいて独立運動のリーダー格的な存在であった李承晩（一九四五年帰国当時七〇歳）を中心に政局の主導権を掌握するとともに、米・ソの対立とアメリカ中心の新たな国際秩序を権力獲得に利用しようとした。

このように解放直後の政局は左右勢力の対立に始まり、その極端な葛藤は、諸勢力の共存・競争関係ではなく、相手の否定によってしか自らの存在を確保できないものであったために、反対勢力の完全な排除を前提にしていた。解放直後、多様な政治勢力が登場することになるが、準備不足の状態で解放を迎えた国内の諸勢力は、イデオロギー的対立や社会経済的基盤の差異、あるいは植民地体制とどのような関係を持っていたか、によってそれぞれ対立していたのであった。

2　アメリカの占領

一九四五年九月から一九四八年八月までの三年間の米軍政による統治方針は、南朝鮮において「親米的反共国家」を構築することであった。当時このこと以外にアメリカの関心はなく、朝鮮についての知識と情報を欠いた状態で、まず沖縄駐留の米陸軍第二四軍団を一九四五年九月八日に朝鮮の仁川に上陸させた。朝鮮が置かれていた状況についての認識の欠如はもちろん、対朝鮮政策ももっぱら共産主義勢力に対する戦略的観点から判断し、朝鮮民族の利害とは無関係にイデオロギー的便宜主義により統治が進められた。そのため、戦時中に日本による抑圧と収奪を担った旧総督府の日本人官僚や親日派（植民地統治協力勢力）に協力を求めるとともに南朝鮮の右派勢力に対しても友好的態度で接した。

そのアメリカは日本支配のために、すでに一九四一年頃からプロジェクトチームによりあらゆる分野で日本研究を行い、占領軍による戦後改革を徹底的に行った。むろん初めから朝鮮半島は独立地域であって占領地域となるはずの地域ではなかったので、占領支配のための研究の必要性はなかった。したがって、米軍政庁は日本軍部を通じて朝鮮半島を認識していた。また穏健派で英語を話せる人々を介して情報を得て社会を認識しただけではなく、米軍政は彼らを優遇しながら統治を行う、いわゆる「通訳政治」ともいわれる状況を継続させた。

このように解放直後の政局は、左右の対決（内的要素）と米・ソの冷戦体制による対立（外的要素）とが相互関連して非常に複雑化し、朝鮮民族の期待とは違った方向へ進んでいった。

当時の朝鮮の状況は「南農北工」と称され、南朝鮮では農民が全人口の約八五％を占めていた。さらに、工業的基盤をある程度持っていた北朝鮮とは異なり、南朝鮮では社会経済的基盤が脆弱であった。したがって、朝鮮民族の最も大きな関心は、経済改革のなかでも「農地改革」と「帰属財産」（植民地統治時代に日本総督府および日本人が所有していた財産）の処理にあった。結果的に、この二つの課題は米軍政庁と李承晩政権の権力維持のための手段として政治的に利用される形となった。

3　アメリカの朝鮮に対する政治的・社会的認識と改革

韓国の政治構造の原型はすでに述べたように米軍政三年間に形成されたといっても過言ではない。アメリカは、初めは旧総督府の官僚機構および日本人官僚をもって軍政を敷いた。その結果、特に親日派を中心に、保守的な人物や富豪が軍政の要職を占めるようになった。

なかでもマッカーサーの布告一号・二号・三号は米軍が朝鮮の解放者ではなく支配者であるかのような内容を含むものであった。その結果、軍政に抵抗する朝鮮民衆の大多数が軍政の敵に、一方、軍政に協力的であった旧植民地の統治者ないし協力者が占領軍の味方となったのである。

アメリカには朝鮮半島が「占領地域」なのか「解放地域」なのか、についての認識すらなかった。占領政策は具体的な準備もなく、場当たり主義であったために試行錯誤を繰り返した。当面の課題がもっぱら共産主義化を阻止することであったために、南朝鮮の状況はJ・ホッジ中将の個人的判断に大きく影響されていた。

米軍政が解放直後の朝鮮社会の代表的な政治組織であった「建国準備委員会」・「上海臨時政府」・「朝鮮人民共和国」（一九四五年九月六日、約一〇〇〇人の左翼系勢力代表が参加して、人民代表者大会を開催し、結成した組織。後に米軍政庁は人民共和国の正当性を否定した。実際には右派や中道陣営の人物の名前も盗用されていたが、李承晩・金九《キムク》などは中央人民委員への就任を拒否した）などの存在を認めず、朝鮮民族の統一的結集体を排除し、植民地行政体制を暫定的に維持したことによって、軍政に協力的な勢力を通じて統治する「通訳政府」が色濃く現れることになった。それだけでなく、軍政は占領当初から治安維持に重点を置き、警察の強化に力を入れ、本来であれば朝鮮社会で解放と同時に排除されるべき対象であった警察官の八五％が旧職に留まった。さらに北からの追放・逃亡警察官までも加わることになった。

占領軍による政治・社会改革、すなわち、新しい政治秩序を創出する過程で見られた主な特徴は次の三点に要約することができる。まず、米軍が上陸してから最初の三カ月間の諸決定事項が戦後の基本的な政治構造を規定したこと。次に、米軍政が即応的・戦略的観点に基づいて政治構造と構成員を選択したことである。最後に、朝鮮民族の最大関心事であった植民地下において反民族行為を行った者など、いわゆる「対日協力構造」に対する審判・排除を行わず、むしろ彼らが支配勢力となる機会を提供したことである。それらは七〇余年後の今日でさえ、韓国社会が乗り越えていかなければならない課題となっており、今なお政治的論議が繰り返されている。例えば、「過去を清算する」目的を持つ「日帝強占下反民族行為真相糾明特別法」（二〇〇四年一二月成立）や二〇〇五年五月三日に成立した「過去史法」（真実究明と和解のための基本法）などの制定をめぐる社会的論争がそれである。この法律に基づき、植民地下での親日反民族行為に関する資料収集および調査報告書作成を行い、史料を編纂する委員会が設置され、真相調査が始まった。

米軍政は、占領後一年以上のあいだ具体的な改革を行わず、社会的混乱が続いたが、一九四六年一二月に「南朝鮮過渡立法議院」（九〇人——四五人民選・四五人官選）を作り、改革を始めた（一一件の法律公布）。これは、後に「南朝鮮過渡政府」（一九四七年六月）となり、米軍政の支持基盤強化のための軍政庁最初の新機構として機能した。南朝鮮過渡立法議院選挙では普通選挙を実施せず、一定額以上の納税者に（旧日本の法律に依存）のみ選挙権が与えられていた。そのことは当然のことながら、植民地支配に協力して社会的基盤を築いていた親日派中心の「韓国民主党」に有利な結果をもたらした。

左派は右派に比べ、強力な組織と大衆という支持基盤を持っていた。一方、右派は地主と官僚機構（官僚体制は、主に親日協力者・外国留学者・キリスト教徒で構成）を基盤とする勢力が結集していた。

米軍政が最も早い時期に行った改革は、司法府（他の分野より専門家も多く、最も早い時期に司法体系が再編成されたが、植民地時代の要素が最も多く残った）および警察（右派と対日協力者にとっての最大の物理力）の再編であった。特に、アメリカは軍事力を補強するために一九四五年一二月のバンブープラン（Bamboo Plan）によって二万五〇〇〇人規模の警察予備隊の性格を持った軍（朝鮮警備隊）を創設した。その構成員のほとんどは日本陸軍と関東軍（満州軍）出身の朝鮮人によって構成されていた。朝鮮警備隊は後に韓国国軍として編成され、朝鮮戦争直前には一一万三〇〇〇人規模となった。この再編過程で植民地時代からの連続性を持つ警察・親日右派勢力と、新たな支配者となった軍政の利害関係は一致していた。特に既存の警察官の八五%は再雇用（解放当初は八〇～九〇%が離脱・逃亡したが）された。

しかし官僚・警察・軍は自らが植民地時代に自民族に対して行ってきた行動のゆえに、進歩的民主主義者を恐れていた。そこで彼らは、自らの既得権を維持し、存在を正当化するために、積極的な「反共」へと方向転換を図ったのである。彼らが生き残るためには、対立勢力を完全に排除し、強力な「反共イデオロギー」を味方にするしかなかった。それは「反共国家」の樹立を目指すアメリカという新たな勢力と連携する道でもあった。そこで韓国は、大戦後の世界で最も強力な反共国家となり、また反共を掲げる軍事政権の正当化にもつながったのである。

解放から三年後の一九四八年五月一〇日、国連の監視下で南朝鮮地域だけで国会議員の単独選挙（一九八議席、北一〇〇議席を除く）が実施された。この国会議員選挙は、多様なイデオロギーと政治的性格を持つ団体が乱立したが、社会主義勢力と南北協商派（南朝鮮単独政府樹立に対抗して臨時政府の金九を中心に朝鮮の統一政府樹立のために協商を続けたグループ）は参加しなかった。約二カ月後の一九四八年七月一七日には、国会で憲法が制定された。この憲法によって国会議員による間接選挙で大統領選挙が行われ、九三・九%の支持を得て李承晩が大統領に選出された。さらに、八月一五日には大韓民国が樹立されることとなった。

国会議員選挙では実際は、反民族行為者処罰、土地制度改革、米軍撤退などを要求していた進歩的若手勢力は逮捕によって排除されていた。健全な民主主義の制度化のためには多くの批判的勢力の存在がなくてはならないが、南朝鮮ではこの批判勢力の形成を排除する政治的イデオロギー、すなわち「反共」が強力に作用していたのである。

ところで、軍政下の一九四六年頃から、すでに地方各地では民衆の蜂起が繰り返し起きていた。なぜならば、地主・官吏・警察の癒着への不満、北の改革で行われた土地制度改革・労働問題改革・政治改革、反民族勢力に対する処罰、その他、経済的貧困などが南の国民を刺激していたからである。しかし政府は、これらの民衆の蜂起に対して「共産主義者の扇動」であるとのレッテルを貼ることによって、徹底的な弾圧を行った。

当時、前述したように北朝鮮には工業化の基盤があったが、資源に乏しい南朝鮮は七七~八五%が農民であり経済的基盤が北朝鮮より脆弱であった。したがって、大多数の国民の関心は経済改革にあり、なかでも「帰属財産」の処理と農地改革に関心が集中していた。「帰属財産」は当時の南朝鮮総財産の七〇~八〇%を占めるほどであった。これは解放後、軍政によって接収・管理・処分され、一九四八年の大韓民国政府樹立後は、未処分のものは李承晩政権に移管された。経済改革は国民に公平に「帰属財産」を配分することなく、そのほとんどが政治的に利用されることになった。このことはその後の韓国資本主義経済の方向と性格の形成に重要な影響を与えることとなった。すでにその時点で、韓国の社会風土・企業体質を大きく汚染させていたのである。

4 アメリカ占領の意義と影響

以上述べてきたように、米軍政は日本による植民地支配に替わる新たな支配勢力となり、その後の韓国の政治・経済・社会などのあらゆる分野においてそれらの基盤と方向を決定した。米軍政三年間が韓国社会に及ぼした意義や影響については次のように要約できる。

第一に、アメリカは民主主義的政治体制の構築に失敗しただけでなく、朝鮮半島の分断体制を固定化した。第二に、治安維持を優先する中央集権的機構(官僚機構・警察・軍)の構築によって、権威主義を温存・再強化させた。第三に、自由主義的資本主義経済体制の構築に失敗した。分断・左右対立が激化するなかで経済基盤はほとんど失われ、「帰属財産」は権力の維持手段として政治的に使われた。経済に関する実効的な政策は行われなかった。米軍政はアメリカの余剰農産物の配給以上のことをほとんど考えもしなかったし行わなかった。第四に、植民地支配下での協力勢力（旧勢力）がアメリカとの協力を通じて再び支配勢力となり、価値観の混乱と規範意識の喪失をもたらした。

このように軍政下の三年間は、制度としての民主主義は導入されたが、解放直後に朝鮮民族自らが抱いていた国家建設の方向性・目標を挫折させただけでなく、韓国固有の伝統をも破壊することとなった。

2　大韓民国樹立と李承晩政権、朝鮮戦争（一九四八～一九六〇年）

一般的に政治史の理解にあたっては、法律・制度によるアプローチのみではなく、議会・政党・選挙などの運用を通じた政治過程に焦点をあわせたアプローチが要求される。特に、韓国の場合は米軍政・朝鮮戦争・植民地の影響などの非制度的要因と権力者個人のリーダーシップによって政局が大きく左右され、また権力が超法規的に行使される場合がしばしば見られた。したがって、李承晩政権を理解するには、社会状況や彼の政治的リーダーシップの考察が重要となる。

1　李承晩政権の成立と政治過程

一九四五年に解放を迎えたが、第一節で述べたように朝鮮民族自らの分裂と判断力の欠如、米・ソのイデオロギー的対立がもたらす外圧などは、朝鮮社会に多くの機会主義者を生み出し、政治・社会に激しい混乱を引き起こした。解放後三年間の軍政が終わり、李承晩政権の誕生とともに、一九四八年八月一五日に大韓民国政府が樹立された。

このような状況のなか、国連の監視下で南朝鮮だけで総選挙（一九四八年五月一〇日）が実施された。多数の政党（四八）が参加した選挙では地域対立は見られなかったが、諸政党が様々な個人的な利害関係や人脈関係によって派閥化の度合いを深める現象が見られた。この選挙は、李承晩とアメリカによる南朝鮮だけの単独選挙であるとして、左派・中間派・南北協商派などは選挙そのものをボイコットした。したがって、ほとんどの当選者は右派であった。選挙は、知名度に依存した人物中心の選挙となったため、無所属候補が中心となり政党政治と呼べるものではなかった。当時、李承晩は政党を無視し、どの政党にも所属していなかったが、国会で圧倒的な支持で大統領に選出された。

李承晩政権は、法律や制度よりも、議会・政党・選挙などの運用に焦点をおいて、制度を形骸化する政治を行った。李承晩政権下での恣意的な憲法改正（二回）、国会議員選挙（四回）および大統領選挙（四回）には、制度を空洞化する政権の性格が強く現れている。

第二代国会議員選挙（一九五〇年五月三〇日）からは、軍政ではなく大韓民国政府主管で選挙が実施され、初代選挙に参加しなかった中間派・南北協商派などほとんどが参加することになり、初代選挙の右派中心の競合とは異なったため、与党が大敗する結果となった。そこで李承晩大統領は支持政党が必要となり、自らの権力維持の母体となる「自由党」を組織すると同時に、大統領直接選挙制度へと憲法改正（抜粋改憲、一九五二年五月一四日、大統領直選制改憲案と内閣責任制改憲案の両方から妥協案として提示されたため、抜粋案といわれる）を行った。李承晩政権は朝鮮戦争の最中に、物理的強制力を動員して権力維持のための憲法改正を国会で可決させたのである。つまり、朝鮮戦争の勃発によって非常戒厳令と強制力の行使が可能となったので、それを李承晩は有利な外的条件として利用したのである。李承晩はこの新憲法に基づいて同年八月の国民の直接選挙による大統領選挙で七四・六％（投票率八八・〇％）の支持を得て当選した。

その後、第三代国会議員選挙（一九五四年五月二〇日、定数二〇三）からは、自由党（一一四議席、議席獲得率五六・二％）を始め、五つの政党が議席を確保し、本格的な政党政治が始まった。このように国会議員選挙では自由党が勝利したが、李承晩大統領は一九五六年五月の大統領選挙には、憲法に定める大統領三選禁止制度によって出馬できなくなっていた。そこで李承晩政権は初代大統領に限って重任制限を撤廃することを骨子とする第二次憲法改正（四捨五入改憲、一九五四年一一月二七日の国会本会議の評決で改憲に必要な三分の二〈一三五と三分の一票〉に一票足りず否決されるが、翌々日の二九日に再開された国会で小数点以下は四捨五入として前々日の否決を取り消して改憲可決を宣言したことによる名称）を強権的に行い、長期政権化を図ったのである。李承晩はこの憲法による第三代大統領選挙（一九五六年五月）で、三選を実現したが、二度の憲法改正は、国民的合意を得ずに権力者の政権維持のために行われた非民主的なものであった。

2　李承晩と自由党

李承晩は、植民地下で独立運動のリーダーとして国民の知名度も高く、最初は全国民的な支持を得た指導者であった。李承晩は儒教的かつ権威主義的な手法で政党を運営していた。また南北分断による硬直したイデオロギーを用いて、政党の持つ自律性と多元性を制限していた。中央集権的で権威主義的な政治環境下で、李承晩政権が結成した自由党は、李承晩の置かれている政治的危機状況を克服するための恣意的手段に過ぎなかった。

自由党は、党勢の拡大のためにあらゆる政治的資源を動員した結果、わずか数カ月のあいだに、党員数は二六〇万人（一九五二年三月二〇日）にも達した。李承晩は政党政治の確立を訴えていたが、自由党は動員によるコントロールされた組織であり、長期政権の道を確立するための道具であった。

そもそも政党とは「政権の獲得を目的として組織された自発的な結社体」であり、政党間の競争を通じて政治権力を追求するのが正常な活動である。しかし李承晩個人の権力を維持する手段として組織された自由党は、すでに獲得していた政治権力温存のための装置に過ぎなかった。政党間の競争（競争民主主義）による政権の誕生ではなく、政権を獲得した者の主導権によって政権党が組織されるという韓国政党政治の特殊な前例が生まれたのである（先政権獲得、後創党）。このような現象は後の政権にも見られる。このことからわかるように韓国の代議制民主主義は出発当時から問題を孕んでいたのである。

3　李承晩政権の政治的特徴

解放後、米軍政と李承晩政権下では、具体的な経済政策が行われなかったために、民衆レベルの家計はますます悪化していた。そのため左派勢力の影響力が強くなり、全国各地で一連の蜂起・反乱が起きた（大邱《テグ》暴動――一九四六年、四・三済州《チェジュ》道蜂起――一九四八年、麗水《ヨス》・順天《スンチョン》反乱事件――一九四八年一〇月など)。このような社会的変化に対して、李承晩政権は暴力的手段と抑圧的立法により対応した。警察力の充実を図り、国軍のなかの左翼勢力を徹底的に排除すると同時に、弾圧の法的基盤となる「国家保安法」(一九四八年一二月)を制定したのである。

李承晩政権は、反対勢力や国民の社会的要求を排除する一方、国民の支持を得るための政治的手段を総動員した。国民の多様な意思が制度的チャンネルを通じて収斂できない社会状況のなかでは、インフォーマルな人間関係を利用した行動様式が蔓延するようになる。つまり、社会における正当で自由な競争原理が破壊され、権力腐敗現象を惹起したのである。

政党政治は、多様な世論を反映した与野党が存在し、その多様な意見についての討論と説得・妥協を通じて意思決定を行っていくものであるが、韓国の政党政治においては強力な反共イデオロギーが、対立勢力を排除する手段・口実となっていたために、健全な政党政治の成長が妨げられることとなった。

そもそも李承晩政権は、一人のカリスマ的人物に権威が集中する家父長的権威主義体制として、国民を「国父」である李承晩に従わせる政治手法をとっていた。また、李承晩は特殊なナショナリズム(抵抗ナショナリズム)を用いて、いわゆる反共・反日・反米などを巧みに操作して国民の支持を得たのである。ほかにも、李承晩は当時のあらゆる政治資源(反共・分断状況・アメリカの経済援助)を自己の権力強化の手段とした。特に冷戦体制下の国際環境は、李承晩政権の「反共権威主義体制」を支持し、経済的支援(特にアメリカの様々な援助、一九六一年まで総額三一億ドルという膨大な額)と軍事援助(韓米相互防衛条約締結――一九五三年一〇月)を提供した。さらに米軍が今日まで韓国に駐留することになった。

李承晩政権は、経済的にも、自由経済の一定の制限と重要産業の国有・国営化、貿易の国家統制を行う過程で、国家権力と癒着する新たな資本家を創出した。これはその後の韓国社会の政経癒着風土を作り上げることにつながった。

ほかにも、米軍政や李承晩政権との強い協力関係を維持していた警察・軍・朝鮮民族青年団などの団体、官僚制、国家保安法などは、李承晩政権の権力維持のための強力な手段・道具となっていた。

4　李承晩政権の崩壊とその意義

李承晩政権の崩壊には、いくつかの要因が考えられるが、一つ目は、前述したように、反共を口実にした強圧的権力行使と長期政権維持のための統治手法が、国民の反発を招いたからである。二つ目は、李承晩政権を支えてきたアメリカのアジア政策の変化が、大きな打撃となったからである。アメリカが日本を中軸に展開する地域主義構想（政治・経済・軍事）、すなわちアジアの反共ブロックの形成を表明したからである。李承晩はアメリカに対して外交的にも対決的姿勢をとり、アメリカが勧めた日韓国交正常化、対北朝鮮政策や休戦協定にも応じなかった。

ほかにも、当時の韓国社会の変化が背景として作用した。なかでも都市化（都市への人口移動、一九六〇年の都市人口二八・三％）と経済的困窮（失業率三四・二％、国民一人当たりGNP八〇ドル）、人口の急激な増加（一九四五～一九六〇年までに九〇〇万人増加）、教育普及（一九四五～一九六〇年までに教育機関は三倍増、大学生数一二倍増）、などは結果的に李承晩政権を圧迫する要因となった。これらの現象がソウルに集中していたことも李承晩政権の崩壊に大きく作用した。経済不振と貧困の拡大、一部特権企業の繁栄、政経癒着による腐敗なども、民衆の不満を爆発させる引き金となった。他の背景としては、マスコミュニケーションの発達、国軍の成長などが挙げられる。

このような背景のなかで、知識人・学生・言論による反李承晩連合が結成され、次第に全国に拡大し一九六〇年の四・一九学生革命を迎えることにつながった。当時、韓国軍はアメリカの助言を受けて学生革命に介入しなかった。四月二七日、李承晩は国会に不本意ながら辞表を提出し、同政権は崩壊した。

次に李承晩政権の意義について注目してみたい。李承晩政権は、自主独立国家としての基礎を確立する時代的要請のなかで、国家構造の基本的な枠組みを再編成し、大統領中心の民主共和制を国家体制の基本原理として取り入れた。すなわち、大韓民国樹立（一九四八年）から学生革命による崩壊（一九六〇年）までの李承晩政権（一二年間）は、国権の回復、自主独立国家の建設という意味だけではなく、大韓民国の歴史上初めて、国民が国家の主権者であることを宣言した民主共和国のさきがけであった、という点でも大きな意義が認められるのである。また、李承晩政権下で形成された各種の制度的枠組みはその後の韓国現代政治に重要な影響を及ぼしてきた。

しかし二度にわたる憲法改正（一九五二年、一九五四年）と権威主義的政治過程に見られるように、李承晩政権は政権の目的を達成するためには、正当な手段と手続きを無視するマキアヴェリ的な政治スタイルを用いた。李承晩政権は結果的に、民主国家体制を確立するスタートラインにおいて権威主義的政治運営と政治的跛行性を露呈し、民主政治の制度化に失敗した。結局、李承晩政権は民主政治の競争原理による権力の合法的な移譲手続きと平和的な政権交代の伝統を樹立できず、学生革命によって沈没する悪しき前例を遺してしまったのである。

5 朝鮮戦争

ここで李承晩政権期において勃発し、朝鮮半島はもちろん大戦後の国際政治に重大な影響を与えた朝鮮戦争について簡略に触れることにする。

1 勃発の原因

第二次世界大戦後、アメリカを中心とする西側陣営とソ連を中心とする東陣営とが対立する、いわゆる冷戦が始まった。日本の敗戦後、朝鮮半島は北緯三八度線を境界線にして、南はアメリカによって、北はソ連によって占領され、南北は米・ソのそれぞれの体制に編入され、結果として分断されることとなった。

米・ソの冷戦構造のなかで、金日成とスターリンは、アメリカの介入を考えず短期間に共産化が可能であると考えていた。当時、一九四九年一〇月一日に中華人民共和国を樹立したばかりの中国は、南侵計画に参加できるような状況ではなかったはずである。アメリカのアジアに対する基本政策に変化はなかったが、一九五〇年一月一二日のアメリカの国務長官アチソン（D. Acheson）が発表したアメリカの対アジアの防衛ラインから、台湾と韓国が除外されていた。すなわち、朝鮮戦争はこのような様々な国際的要因と南北間の内的葛藤要因が重なり合って引き起こされたといえる。

2　戦争の経過

一九五〇年六月二五日午前四時、突然、軍の近代化をソ連によって遂げていた北朝鮮軍が南侵した。開戦三日目にはソウルが陥落し、さらに南下を続けた。韓国のほとんどの地域は北朝鮮軍によって占領され、同年八月一八日には釜山が韓国政府の最後の砦となった。

一方、このような緊迫した状況下で、開戦二日後の六月二七日の国連安全保障理事会決議〈七対一で可決〈七カ国の賛成とユーゴスラビア反対、ソ連不参加〉〉に基づいて、三〇日にアメリカのトルーマン大統領は東京のマッカーサー司令部に軍事行動を指示した。その直後、七月一日の安保理では、国連軍司令部を設置し、国連加盟国の武力支援をアメリカ政府の単独指揮下に置くことを決議した。そこで米軍を中心とする国連軍〈一六カ国が参戦〉が結成され、国連創設後初めて国連軍が参戦することになった。九月一五日には、マッカーサー将軍の指揮の下で国連軍と韓国軍による「仁川上陸作戦」を展開、その後、着々と北進を続け一一月には南北統一を目前にしていた。ところが一〇月二六日、約一〇〇万の中国人民軍の反撃によって、後退を余儀なくされ、両軍は三八度線をはさんで攻防戦を繰り返していた。

その後一進一退の攻防は三年間も続いたが、アメリカにおける国内世論の世界大戦への危惧とマッカーサーの解任などの政治的軋轢に加え、ほとんどの参戦国は南北住民の統一意思に納得せず、戦争前の現状維持を支持していた。そこで一九五三年七月二七日、国連軍と朝鮮人民軍と中国人民軍とのあいだで休戦協定が締結され〈休戦協定に反対していた韓国は参加せず〉、南北間のあいだで現在の軍事境界線が設けられることになった。

3　朝鮮戦争の影響

三年間に及ぶ朝鮮戦争は、同族同士の悲惨な戦争であり、米ソの覇権大国を背後に持つ自由主義陣営と共産主義陣営とのあいだで行われた世界的規模の国際戦争でもあった。三年間で国連軍側の戦費だけでも一五〇億ドルを超えたこの戦争は、膨大な人的・物的被害をもたらした。その後の国際政治にも大きな影響を与えた。特に米ソの対決姿勢の強化に伴い、軍備競争は加速化した。とりわけ、南北韓のあいだでは、イデオロギー的対立と軍事的対立が深まり、韓国では権威主義的で硬直した社会が形成されていた。また、日本には戦争特需による経済的復興をもたらし、再軍備、日米安保条約体制の契機となった。そのほかにもアメリカ、ソ連、中国などに政治・経済・軍事などの領域で大きな影響を与えることとなった。

アメリカを中心とする国連軍が国連の安全保障理事会の決議に基づいて参戦し、旧ソ連の支援を受けていた北朝鮮軍と北朝鮮を支援する中国人民軍が参戦することによって、朝鮮戦争は次第に内乱の状態から国際戦へと変化した。すなわち、朝鮮戦争は東西の冷戦が朝鮮半島において熱戦となり、国際戦に内戦が重なることとなったのである。三年間の戦争は、非常事態状況下で危機意識と国民の反共意識を高揚させ、李承晩政権の政権維持にとって有利に作用した。同政権は戦時下においても憲法改正を行うなど、長期政権を維持するための強引な措置をとっていた。

3 学生革命と張勉政権（一九六〇〜一九六一年）

1 張勉政権の樹立

韓国の四・一九学生革命は韓国で国家に対する社会勢力の挑戦が政権の崩壊をもたらした最初の政治的革命であった。学生革命は李承晩政権を崩壊させたが、学生らには統一された組織や指導力が欠けていた。そこで革命後、まず暫定政権が樹立（一九六〇年四月二八日）され、その後、憲法改正（一九六〇年六月一五日）が行われた。この新憲法では、長期政権による独裁政治に歯止めをかける意味から大統領の地位を象徴的存在とした。新憲法は大統領中心制を否定する議院内閣制と二院制国会を新たに導入すると同時に、国民の自由と人権を最大限に保障することを目標とした。

この第三次憲法改正の骨子は、議院内閣制の導入、言論・出版・集会・結社などの基本的人権の保障、司法部の独立と民主化、憲法裁判所（憲法保護制度化）の設置、公正な選挙の保障、警察の中立化、地方自治制度の民主化（地方議会選挙と首長選挙の実施）で、民主主義の制度化を目指した。

この新憲法のもとで総選挙（一九六〇年七月二九日）が行われ、一九六〇年八月二二日には張勉《チャンミョン》政権が成立した。総選挙（民議院）は二二〇選挙区（小選挙区制）で二三三人の国会議員を選出（民主党一七五人、無所属四九人）したが、自由党は消滅し、野党であった民主党が圧勝した。自由党に代わって民主党のみが唯一の全国的に組織された政党となっていた。革新系など他の政治勢力は組織化が遅れ、国民の支持も少なかったが、政権党となった民主党は、成立当初から党内が様々な利害関係によって分裂していた。

選挙によって、大統領には尹潽善《ユンボソン》が、国務総理（首相）には張勉がそれぞれ国会で選出された。大統領は総理の指名権を持つが、権力の集中と権威主義的政治を排除するため大統領は象徴的存在となった。しかし政権党となった民主党内にも、若手グループと旧グループとの分裂が生じたので、張勉政権は国会内での安定多数を確保できず、リーダーシップに不安を抱えたまま発足することとなったのである。

2 張勉政権の政治的特徴と改革の限界

張勉政権の政治的特徴としては、まず、既存の権威主義から脱却し、民主主義の制度化を目指したことである。従来の大統領中心の国政運営がもたらした弊害をなくし、議会を中心に政治を運営しようとするものであった。そこで国民の要求を反映した改正憲法の内容にそって、独裁防止と基本的人権の保障を実現し、さらに地方自治の民主化を実現するとともに地方議会と首長の選挙を実施した。物理的強制力を動員して大衆運動を規制することはせず、国民の要求を最大限に反映しようとした。

次に、多元的な外交を行ったが、それは李承晩政権以後内在していた「反共」や「反日」という形で現れていたナショナリズムに油を注ぐ結果となった。なぜならば、共産圏との交流や北朝鮮との統一論議、日本への国交正常化の働きかけなどの多元的外交戦略は、「反共」や「反日」とみなされていたナショナリズムからの反発を招いたからである。

激動期には安定した支持基盤と強いリーダーシップが必要である。しかし、張勉は国会での安定した支持勢力の確保に失敗しただけでなく、政治家としてのリーダーシップも欠如していたので、政党政治・民主政治の円滑な運営に支障を招く結果となった。なぜならば、四・一九学生革命が提起した課題と民主政治に対する国民の高い関心を処理していくためには、安定した支持基盤と政治的リーダーシップが不可欠であったからである。なかでも、反民主勢力の処罰（四・一九当時の革命勢力に対する虐殺の責任、一九六〇年当時の張勉副大統領に対する暗殺計画、一九六〇年三月一五日の不正選挙の責任、李承晩政権での政治暴力団問題）は主要課題となっていた。

革命後、多数の大衆的組織の出現、地方自治制度の民主化、不正腐敗追求（遡及立法）などの社会的変動が生じた。このような社会的諸要求の噴出を受け止め、それらを組織化し政治的枠組みのなかに収斂する必要があった。張勉政権は、李承晩政権当時の権力者に対する処罰を求める国民の強力な要求に応じて、憲法改正（遡及立法）を行った。遡及立法は本来、法的安定性を害するものであり、また政治的報復を意味し、国家統合にも問題を引き起こしかねない。特別法の制定（一九六〇年一一月二九日、遡及立法）によって、不正選挙関連者処罰、反民主行為者処罰、不正蓄財者処罰が行われることとなったが、実際には、張勉政権の力量不足と既存勢力の反発から、国民の期待にはほど遠いものであった。

張勉政権は、軍の浄化（整軍運動）作業にも取り組んだが、すでに韓国軍は朝鮮戦争以後七〇万人を超える韓国社会最大の組織と物理力を持つ集団に成長していた。民主党は選挙時、韓国軍を一〇万人に減らし、また国防費も全体予算の三〇～四〇％から二〇％以下に減額しようとした。しかし軍部とアメリカの反対によって、結局六〇万人を維持することに決定した。軍内部には、四・一九学生革命以後「浄軍」のスローガンが流行し、若手グループと旧グループとのあいだに軋轢が生じていた。

張勉政権下の社会は、いわゆる「自由の過剰状態」となり、左派の騒擾と右派の反発がともに激化していた。革新主義政党や急進的労働組合、進歩的学生運動勢力は統一と対米関係の問題で右派と対立し、南北間の交流と協調、外国勢力からの中立、国家保安法への反対などを要求した。

以上のような状況のなかで、右翼勢力〔右翼青年組織と在郷軍人団体〕の強力な反発が起き、社会の両極化現象が現れるようになった。すなわち、警察・軍隊・保守的政治家と、行動派学生・知識人・革新系政治家などの激しい対立が生じたのである。張勉政権はこのような社会の両極化現象・混乱を収拾できず、結果的には、反共側の最大の勢力である軍部〔特に「整軍派」〈軍部内の一部高級将校による政治干与・不正蓄財などの不正腐敗に抗議して、若手将校が中心となって行った整軍運動〔軍の浄化〕を担ったグループ〉〕が介入する格好の状況を提供したのである。

3 張勉政権の崩壊と意義

張勉政権は、権威主義からの脱却と民主主義の制度化を目指し、議会中心の政治運営を実現しようとした。また、国民の民主主義実現の要求に対応し、集会と結社の自由を最大限保障しながら、政治的自由を志向し、そこから政権の正当性を導き出そうとした。それを実現するためには、強力なリーダーシップと国会での支持勢力を必要とした。

しかし前述したように噴出した社会的諸要求を制度のなかに収斂させることができず、民主政治勢力の結集力不足と低い政治意識、また張勉政権のリーダーシップの欠如が重なり、混乱が加重し、軍事クーデター（一九六一年五月一六日）によって政権が崩壊するという悲劇的結末を迎えることとなった。

外交的には多元外交を推進したが、対北朝鮮、対日本外交政策は、従来の反共・反日を内容とする韓国ナショナリズムを刺激する可能性を孕んでいた。それを乗り越えるためには、強力な政治的基盤とリーダーシップが必要であったが、張勉政権はそれを欠いていた。張勉政権は進歩的学生・団体の容共的行動に対して寛容で、特に、南北の統一を推進していた進歩的学生を中心とした統一運動は、軍部はもちろん旧体制の基盤を揺るがすだけではなく、アメリカの反発を招くこととなった。しかし、張勉政権は民主的で正当な手続きによって成立した政権であったにもかかわらず、混乱した政局を収拾することができず、結局、朝鮮戦争を通じて政治勢力として肥大化した軍部（朴正熙《パクチョンヒ》）によって倒されることとなった。このように、韓国の自由民主主義の実験は軍部の登場によってわずか九カ月足らずで終わりを告げたのである。

しかし、韓国の歴史上初めて民衆の力が四・一九学生革命という形で発揮され、反民主的権威主義政権を打倒し、国民による政治の確立と政治参加の道が開かれた意義は大きい（現行の韓国憲法は前文で四・一九学生革命の精神、いわゆる「抵抗権」の継承を明示している）。張勉政権の期間は、韓国民が参加民主政治を体験した重要なときであり、民主主義についての政治的意識を高める契機となったのみならず、その後の韓国の民主化と市民社会の確立に多大な影響を与えた。

張勉政権は政治体制の正当性と効率性のバランスをとることができず、リーダーシップの欠如と派閥対立の克服に失敗したため、短命で終わったが、議院内閣制や地方自治制度の実施、政治的自由と政治的参加を拡大するなど、民衆の要求を最大限取り入れようとした点で肯定的な評価ができる。

4 軍事クーデターと朴正熙政権（一九六一〜一九七九年）

1 クーデターと軍政

一九六一年五月一六日、いわゆる軍部内の「整軍派」といわれる勢力によってクーデター（「五・一六軍事革命」）が引き起こされた。クーデター軍によってただちに憲政が中断され、「軍事革命委員会」および「国家再建最高会議」が軍政を実施した。軍事クーデターは、一九六〇年四月一九日の学生革命の否定・反動として現れ、その後三二年間にわたる軍事政権を再生産する歴史的な事件であった。クーデター勢力は反共を国是の第一とし、経済再建と政治的安定を強調することによって政権の正当性を創出しようとした。

クーデターによって政権を掌握した朴正熙は、李承晩とは異なり、国民的支持、政治的支持勢力、政治的基盤を最初は持っていなかった。当然のことであるが政治的正当性もなく、政治的リーダーシップも経験もなかった。そこでまずは反対勢力・抵抗勢力を排除することから始めた。したがって、軍政の最初の二年五カ月間は、既存の政治勢力を除去する一方で、自らの勢力を確立することに専念した。まず、クーデター主体勢力が中心となり、韓国中央情報部（ＫＣＩＡ、一九六一年六月）が新設され、さらにＫＣＩＡの活動をサポートする「反共法」（一九六一年七月）が制定された。これらは国民統制や反政府活動を抑圧する制度的基盤となったのである。それにとどまらず「政治活動浄化法」(一九六二年三月)を制定して、既存の政治家や団体の政治活動を禁止し、既存の新聞や雑誌も廃刊にした。また、軍の浄化作業も行った。この一連の過程を通じて、民間・政治集団・軍の抵抗勢力を除去したのである。一方、金鍾泌《キムジョンピル》などの情報将校らに民主共和党(一九六三年二月)を組織させ、クーデター勢力の力を集結・強化させた。

2 軍事クーデターの背景

軍事クーデターの背景としては、第一に、張勉政権の国会内での弱い基盤、政権勢力の分裂、政局の混乱に加え、急進的な統一運動(南北学生会談闘争、「行こう北へ、来たれ南へ、板門店《パンムンジョム》で会おう」がスローガン)が展開されたため、既存の保守勢力と軍部が危機感を持つようになったからである。

第二に、四・一九学生革命によって諸改革に対する国民の期待は高まったが、経済的環境には変化がなく、そこで国民のあいだでは経済的変革への期待が高まっていた。第三に、解放後、教育が普及しソウルを中心に教育水準は急激に向上したが、社会は新しく登場した知識人の要求を充足できなかったので、彼らは「自由とパン」を求める大衆デモを行った。第四に、国軍内部の「整軍派」、特に朴正熙の権力掌握意図と軍部内の腐敗への対応も大きく作用した。

そこで、新生国家において「最も近代化された組織」である軍が、国家の発展と進歩に対して積極的に取り組んだのである。米軍政と朝鮮戦争を通じて、韓国軍は強力な「反共」イデオロギーによって理論武装していた。国軍は朝鮮戦争を経験しながら規模や内実においても急激に成長したが、内部には葛藤があり、派閥も存在していた。朴正熙少将を最高指揮官として、一九六一年五月一六日に決行されたクーデターには、約四五五〇人の兵力が動員された。クーデター軍は海兵隊を先頭に漢江《ハンガン》を渡ってソウルに進軍し、ほとんど抵抗を受けずに当日午前四時にはソウル市内の主要目標を占拠した。そして午前五時には中央放送局の放送を通じて軍事革命を全国に宣言した。朴正熙少将と一部の整軍派の将校らによって行われたクーデターに対して、空軍・海軍・海兵隊などは支持を留保し、アメリカも当初は支持しなかった。クーデター直後、当時、韓国軍の作戦指揮権を掌握していた駐韓米軍司令官は、クーデター当日の午前中に反対声明を発表し、武力による対応も考えていた。しかし、ワシントンのJ・F・ケネディ政権は、軍事クーデターを慎重に静観していた。クーデター発生三日後、米国務省は軍事政府への支持を発表した。その背景には、軍事政府による反共体制の強化と腐敗の一掃、合憲的政府の再樹立を表明した革命公約への期待があったからである。

3　政権基盤の確立および権力維持手段

クーデター政権は「政治活動浄化法」をもって既存の政治勢力のすべてを解体した後、まず自らの権力を確立するために制度的基盤を作る必要があった。政権を維持するうえで重要な役割を果たした組織は、中央情報部と民主共和党であった。これら二機関は、裏と表でそれぞれの役割を演じながら朴正熙政権を支えたのである。

まず、クーデター後、クーデター中心勢力によって最も早い段階に中央情報部が創設された。これはクーデターの中心人物であった金鍾泌などによって創られたが、これに関連して翌月には「反共法」が公布された。「反共法」は国家安全保障のためと共産主義勢力に対抗するために作られた。しかし、その実態は国民統制や反政府活動抑圧のためのものであり、また中央情報部の活動や存在そのものの根拠にもなっていた。

次に、クーデター勢力は、軍部支配の制度的基盤と統治の正当性を確保するために政党を結成する必要に迫られた。中央情報部は内部に特別研究班を組織し、政党結成の準備を行い、新党「民主共和党」を結成した。同党は政治経験者をできるだけ排除し、学界・言論界・法曹界・財界などを中心に組織され、少数のエリートに政党の権力を集中した。特に党の総裁（大統領）を頂点として階層的に統合される政党体制となっていた。クーデター政権の正当性を支えるため、政党理念には、近代化、経済発展、民族的民主主義を掲げていた。

クーデター政権はまた、「政党法」（一九六二年一二月）を制定して、政党政治の制限を行った。「政党法」には、立候補者の政党推薦制度、国会議員が政党を離脱・変更した場合または政党の解体があった場合には議員資格を喪失すること、無所属議員の立候補禁止などが盛り込まれていた。同法の狙いは、党首である大統領が政党を通じて議会を掌握すると同時に、また制度的に限定された範囲内で国民の政治参加を認めることにあった。

一九六二年一二月二六日には、大統領中心制（任期四年・重任可能で三選禁止）、一院制国会（任期四年、小選挙区比例代表並立制）、憲法裁判所廃止、などを骨子とする第五次憲法改正が行われた。これは大統領へ権限を集中し、官僚制整備と行政国家的性格を強化する、いわゆる権威主義体制の強化を意図するものであった。

このような一連の過程を通じて、朴正煕政権の政治・経済的基盤が構築されると同時に、国際社会から政権の正当性を認められるようになり、国内的にも一定の政権基盤を確保することができたのである。

4 権威主義体制の登場

開発途上国においては、国家統合と社会統合の過程で軍部が一党支配の権威主義体制を確立して経済開発によって政権の正当性を現出しようとすること（開発独裁）が多い。強権政治によって経済発展を図った朴正煕政権の場合もその例外ではない。朴正煕政権の統治スタイルは、国家主導経済開発政策を国家が立て、私企業がついていく明治日本の近代化過程を踏襲するものであった。韓国の場合は多国籍企業などが主導権を握っていた南米諸国の状況とは異なり、常に政府が主導権を掌握して財閥などをコントロールしていた。したがって、福祉や社会的配分における正義より、国力の増強、成長と生産に政策の優先順位が置かれていた。これはまさに国家主導による不均衡発展戦略といえる。

しかし持続的で安定した経済成長のためには、「政治的・社会的安定」が不可欠となり、政権側はそれを提供する名目で権威主義的な統治を行った。そこで国家が中心となって、外国資本の導入、信用制度の統制、労働階層の賃金と消費水準の抑制、そして権威主義的な労働統制（韓国労働組合総連盟の結成にみられるように上から労働組合を再編し、統制した。労働者の要求はほとんど無視された。また争議行為を労働組合の上部と傘下のなかで統制し、さらにそれを上から国家機関が統制した）、などの経済開発政策が行われた。このような政治過程は一九六〇年代には国民から一定の理解がえられていた。

これらの政治の特徴を要約すれば、政治的抑圧、国家主導の経済開発、反共イデオロギーがセットとなって統治が行われたのである。抑圧的な手段による「政治的安定」がもたらした経済成長により、政権は正当性を国民から獲得したといえる。実際、一九六二年から始まった経済開発五カ年計画によって経済は飛躍的に成長した。内需産業の育成（輸入代替工業化）という「自立経済」に始まり、一九六〇年代以後は一貫して「輸出指向産業」の育成政策が追求された。一九六〇年代は繊維・家電製品などの軽工業中心の輸出産業を、一九七〇年代は鉄鋼・造船・自動車などの重化学工業中心の輸出産業をそれぞれ育成した。その結果、第一次経済開発五カ年計画（一九六二〜一九六六年）期間の平均経済成長率は七・八%、第二次計画期（一九六七〜一九七一年）は九・七%、第三次計画期（一九七二〜一九七六年）は一〇・一%、そして朴正熙政権の全期間（一九六一〜一九七九年）を通じて、平均八・五%の成長率をそれぞれ記録した。

しかし朴正熙は二年半の軍政と憲法の規定する（二期八年）の任期に飽き足らず、三選を可能にするための憲法改正（一九六九年一〇月）を行った。朴正熙の長期政権への欲望は、一九七一年七月の三選のための選挙に新民党の金大中候補が登場し、激しい挑戦を受けた。再選（一九六七年）時の大統領選挙（五一・四%獲得）や国会議員選挙（三分の二確保）での圧倒的な勝利とは異なる状況が生じたのである。

このような朴正熙政権に対する挑戦が始まったころ、ニクソン・ドクトリンの発表（一九七〇年二月）、アメリカと中国（R・ニクソン大統領訪中、一九七二年二月）、日本と中国（日中国交正常化、一九七二年九月）の和解、駐韓米軍の削減（一九七〇年〜）など、朝鮮半島を取り巻く国際政治が大きく変化したため、既存の国家安全保障に対する方向転換を迫られることになった。そこで朴正熙大統領は長期政権を維持していくうえでの不安定要因（国内外的な挑戦・変化）を、国家の危機であるかのように世論を操作した。彼はこの危機を乗り越えるために、既存の憲政を停止させて新たな政治体制を作り上げようとした。

朴正熙政権は経済発展に伴って登場した新しい階層を政治体制のなかに吸収することができないばかりか、むしろ排除の論理によって、ますます抑圧的な硬直した体制を作ったのである。これは、G・オドンネル（G. O'Donnell）の官僚的権威主義モデル（bureaucratic-authoritarian model）に要約されている。彼は、産業化の段階と政治体制の変化には密接な関係があるという。すなわち、産業化の過程で起きる「深化」（deepening）（階級間の葛藤の深化）という経済的危機の政治的結果として、産業化過程で垂直的統合（製品の原料供給、加工、販売に関わる産業構造を統合すること）が行われなければ、慢性的インフレ・国際収支の危機が発生する。そこで政策決定者は、産業化の進行と民衆部門の活性化の増大という状況下で、民衆部門の要求（配分）よりも外国資本の誘致により関心を持つ。これは結果的に社会的・政治的混乱の原因となるため、これらの混乱を克服するために抑圧的な強力な官僚的権威主義体制が登場するという論理である。

5　維新体制の成立と展開

維新体制が非常戒厳令下（一九七二年一〇月布告）で成立したことに注目する必要がある。朴正熙政権は強圧的な状況下で、憲法の停止、国会の解散、政党・政治活動を中止させた後、国民投票（一九七二年一一月二一日）を経て、国民の基本的人権の留保、大統領の権限強化、国会の権限縮小、地方議会の発足延期などを骨子とする新憲法に基づく維新体制（一九七二年一二月二七日）を成立させた。

維新憲法は、大統領一人に強力な権限が集中（絶対的権力を持つ大統領の間接選挙制・任期六年の再選無制限・権限極大化）する独裁制、国会議員の三分の一を大統領が指名、基本的人権の制限、地方議会選挙の保留、などを骨子とし、非常戒厳令下で施行された。

新憲法によるこのような維新体制は、効率を最大化し国力を集約するという名目の下、国論を分裂に導きがちな議会制民主主義を停止すると同時に、「統一主体国民会議」が大統領を間接的に選挙し朴正熙の終身執政を可能にする体制であった。さらに維新体制は大統領を立法、司法、行政のうえに君臨する、いわゆる最高「指導者」として位置づけていた。

以上、権威主義体制が登場する背景を述べたが、以下では一九七二年一〇月の維新体制登場の要因と性格、およびその崩壊について簡潔に述べることにする。

1　官僚的権威主義体制といわれる維新体制登場の要因

維新体制が登場するようになった要因・背景は次の三点に要約できる。

第一に、国際情勢の変化による安全保障の危機が挙げられる。朴正熙政権は南北対立を前面に押し出しながら強力な反共国家体制を維持し、軍事政権の正当性を訴えた。つまり朴正熙政権は最初から「反共」と南北分断体制を前提に成立した政権であった。しかし、一九六九年頃からベトナム戦争終結を視野に入れた米中の接近、沖縄返還交渉、グアム・ドクトリン（一九六九年七月）、駐韓米軍削減計画による撤収開始（一九七〇年一〇月）、ニクソン・ドクトリン（一九七〇年二月）、米中・日中関係の変化、南北共同声明（一九七二年七月四日）などの国際政治の変化は、朴正煕政権にとって大きな脅威となった。反共イデオロギーを脅かすような国際状況の変化は、結果的に政権の正当性の危機につながるものであった。当時、安全保障の危機を克服することが、政権側が維新体制の必要性を力説した公式理由であった。したがって、朴正煕政権による南北対話と統一の推進は、政権の本音ではなく単なる政治的名分に過ぎなかったといえる。

第二に、朴正煕個人への権力集中と長期政権への欲望が強く作用した。在任中の三回にわたる憲法改正（一九六二年、一九六九年、一九七二年）が、国民の人権拡大のためではなく、権力の維持拡大のためであったことからもそれをうかがうことができる。特に維新憲法は朴正煕の終身執政を可能にしただけではなく権力の私有化現象が頂点に達したものであるといえる。

第三に、経済成長過程で現れた産業化の危機との関連で維新体制登場の要因を考えることができる。一九六〇年代には二桁の経済成長（一九六九年一五％）を成し遂げたが、一九七〇年には七・九％の低い経済成長を記録した。輸出指向工業化政策にかげりが見られ、労働者や都市貧民層がデモを行うようになった。G・オドンネルの説明によれば、一般に一九七〇年代初めの経済的困難、政治的・社会的抵抗、産業構造改革の必要性、さらにこれらを取り巻く階級間の軋轢の深化が弾圧的な軍部権威主義政権を誕生させた、という。しかし、韓国の場合は産業化の危機が維新体制布告の直接的な契機にはならなかった。しかし、経済成長の数値目標達成が政権の正当性をもたらしていたことを考えれば、経済的危機が政権の危機であったことは明らかであろう。

2　維新体制の性格

前述したような理由で登場した抑圧的な権威主義体制には三つの特徴があった。第一に、維新体制は大統領に権力を集中させ、政権の私物化と政治社会の萎縮をもたらした。具体的には、政党政治を制限し、大統領秘書室・警護室、中央情報部、国軍保安司令部などの核心勢力が権力を掌握し、国民の政治参加や社会活動を制限した。第二に、「国家非常事態宣言」(一九七二年一二月六日)を布告して、国家安全保障を最優先し、それを脅かすすべてのものを排除する、いわゆる総力安全保障体制であった。第三に、国民よりも国家を優先する体制であった。その結果、政権に対する抵抗勢力は排除され、多様な政治参加による健全な市民社会の成長を阻害した。そこで政権側が主張したのは効率を強調する「韓国的民主主義」であった。

維新体制は体制の矛盾が現れてからも、大統領側近の経済テクノクラートによる経済成長と安全保障とを結合させることによって政権の正当化を追求した。その結果、政治的硬直化を招き、政策選択の幅が狭くなった。すなわち、政治システムを通じた意思の表出ができなくなり、それは結果的に地域対立の拡大と反政府勢力の噴出をもたらしたのである。

3　維新体制の崩壊

一九七〇年代に入ってから知識人や学生による反体制運動が激しくなった。また、労働運動も成長していった。特に一九七〇年代後半になると、学生による反体制民主化運動の盛り上がりに比例して政府による抑圧も激しさを増した。一九七九年には国会から野党党首までも除名する事件が起こり、民心は朴正煕政権からますます離れていった。このような状況下で韓国南部の釜山と馬山《マサン》で大規模デモが発生し、その余波は大統領側近にも及び、結局一〇・二六事件が起きた。一九七九年一〇月二六日、朴正煕大統領は自らが任命した側近の中央情報部長（金載圭《キムジェギュ》）によって、中央情報部所有の建物内で宴会中に銃殺されたのである。ここに朴正煕政権は終わりを遂げた。

また、維新体制が崩壊した間接的な要因としては、経済発展によって成長した中間階層（自営業者・ホワイトカラーなど）が民主化運動に積極的に参加するようになったこと、個人独裁の正当性が消滅したこと、「反共安保体制」を理由にしたアメリカによる支持が、J・カーター大統領の人権外交によって消滅したこと、などが挙げられる。

6 朴正煕政権の特徴と評価

前述したように、朴正煕は政権の初めから、反共イデオロギーを闡明にして、経済再建と政治的安定を強調しながら、政治権力の正当性を創り出すことで政権基盤を形成した。また彼は産業を拡大し貧困を追放するためには政府に強力なリーダーシップが必要であると国民に訴えた。ここで朴正煕政権の政治的特徴を次のように要約することができる。

第一に、国民の政治参加を規制しながら反共的権威主義体制を強化した。クーデター中心勢力間の権力闘争がこれをさらに強化し、アメリカもこれを要求したのである。特に、国家保安法や反共法のような規制法は統制を強化する手段となった。第二に、国家による国民に対する意図的な政治的社会化によって、国家意識の形成と国家統合を推進した。しかしそれは南北対立意識の強化による国家意識の強調であったために、分断体制を強化・定着させることにつながった。第三に、政府主導の開発政策を積極的に推進した。これは政権の正当性をもたらすためには不可欠な要素であった。この政策は、当初は経済発展をもたらしたものの、後に財閥と政府の癒着や地域別不均衡発展などの問題を残した。第四に、外交的には自由主義諸国との連携と戦略的関係を強化し政治的基盤を構築した。それは同時に、共産圏との対立を激化することにもつながった。特に日米との関係強化という観点からは、日韓国交正常化（一九六五年八月）と韓国軍のベトナム派兵決定（一九六五年八月）はその代表的な外交政策といえる。

五・一六軍事クーデターによって、登場した朴正熙政権は、軍部が政治的主導権を掌握する転換点となったが、政権の正当性が欠如していた。政治的正当性を補完するために、「安全保障」、「祖国の近代化」および「経済建設」を国家目標として積極的に推進した。特に、経済的側面では一八年の政権期間（一九六一年〜一九七九年）を通じて、一定の成果が得られた。しかし、産業化政策の効率的な推進という名分の下で国家の企業家的役割を強化し、議会・政党・言論・労働組合・市民運動などを厳しく統制した。朴正熙政権は政権の正当性の危機と体制維持の限界に直面し、結果的に「維新体制」という対応策を講じたのである。維新体制のこのような特性ゆえに、国家部門の相対的自律性は拡大したが、市民社会の活動空間と政治参加へのチャンネルは厳しく制限されたのである。

5 光州民主化運動と全斗煥政権（一九八〇〜一九八八年）

1　全斗煥政権の成立過程

一九七九年一〇月二六日、朴正熙大統領が暗殺されると、崔圭夏《チュギュハ》国務総理が大統領代行を経て後に第一〇代大統領となった。しかし、朴正熙大統領の暗殺により権力の空白が生じるなか、全斗煥《チョンドゥファン》保安司令官をリーダーとする新軍部勢力（陸士一一期生が中心）が粛軍クーデター（一九七九年一二月一二日、新軍部勢力が、崔圭夏大統領代行が任命した戒厳司令官を逮捕して軍部を掌握した事件）を断行し、実質的に権力を掌握した。朴正熙大統領の暗殺により独裁政権が崩壊すると韓国社会は、民主化の熱気に満ち、政治活動規制が解禁された政治家（金泳三《キムヨンサム》・金大中《キムデジュン》・金鍾泌の三金など）の角逐戦、学生デモ、それに労働者のストライキが繰り広げられ、政局は混乱した。ところが、崔圭夏大統領は、積極的に政局をリードすることができなかった。こうした社会的な混乱を理由に、新軍部勢力がソウルに非常戒厳令を発布し本格的に政権奪取に乗り出した。こうした新軍部の動きに反対して戒厳令反対デモが拡大すると、一九八〇年五月一七日、新軍部は、戒厳令を全国に拡大して国会と政党を解散させ、三金を始め多くの政治家を政界から追放した。これに対して全国で反対デモが行われ、光州《クァンジュ》では、デモ隊と戒厳軍との武力衝突（光州民主化運動——戒厳令解除および全斗煥退陣を求めるデモに新軍部が激しい弾圧を加えたことに端を発し、光州や近隣地域の学生や市民らが武装し戒厳軍と武力衝突した。この事件での死者は、政府の発表では一九一人、光州市の発表では二六二七人とされている）が起き、多くの市民が犠牲になった。

光州民主化運動を武力で鎮圧した新軍部は、政治家の政治活動禁止、言論人の解職、三清教育（暴力団を一掃して社会を浄化するとの名目で六万人あまりの人々が令状なしに逮捕され、そのうち四万あまりの人々が三清教育隊という軍事施設に収容され強制労働や訓練を受け、五四人が死亡した）といわれた社会浄化の実現、言論機関の統廃合措置をとって政権基盤を築いた。そして一九八〇年八月一六日、崔圭夏大統領を退陣させ、九月一日全斗煥が「国民会議」という大統領選挙員団を利用して間接選挙により第一一代大統領に就任した。大統領就任後、全斗煥大統領は、七年単任の大統領間接選挙制を骨子とする憲法改正を行い、この新憲法により行われた大統領選挙で、一九八一年三月、第一二代大統領となった。

韓国の民主化を阻止し、政治発展を後退させた全斗煥政権が成立した背景としては、次の四点が挙げられる。

一つ目は、崔圭夏大統領代行（後の大統領）のリーダーシップの欠如である。新軍部の陰謀を知りながらも、大統領に与えられた国軍統帥権を適切に行使しえなかったことが、新軍部のクーデターを阻止できなかった一つの原因である。

二つ目は、民主化勢力の分裂である。民主化運動のリーダーであった金泳三・金大中の分裂は、民主化勢力の結集力を決定的に低下させ、軍部の台頭を抑ええなかったのである。

三つ目は、市民社会の未成熟である。一九八〇年代の韓国社会は、市民社会がまだ未成熟で、社会的葛藤（地域・貧富・労使など）を国民自らの手で解決できる能力を備えていなかった。一方、中間階層は、社会混乱を伴う民主化要求よりも安定を選んだので、新軍部のクーデターに積極的な反対行動をとらなかったのである。

四つ目は、国際的な要因として、新軍部がアメリカの支持を受けたことである。一九七九年ソ連のアフガニスタン侵攻をきっかけに、新冷戦時代に入った一九八〇年代初頭のアメリカは、混乱が続く民主韓国よりは親米と反共安全保障を掲げた新軍部政権を支持したのである。

2 全斗煥政権の政治

全斗煥政権は、朴正熙政権の「反共安保国家体制」を継承し、国内的には進歩勢力や民主化勢力を左傾勢力として弾圧し、国際的にはアメリカや日本から政治的・軍事的な支持や支援を得て、物理的な手段で国民を支配した政権である。政権の出発段階から国民の抵抗に直面していた全斗煥政権は、「国家保安法」、「言論基本法」、「労働関係法」、「社会保護法」（犯罪者のなかで再犯のおそれがある者を出所後に再教育の名目で再び国家保護機関に収容して社会進出を遅らせ、社会を保護するという法）などの悪法と、警察、中央情報部、軍の情報機関などを利用して民主化勢力を物理的に弾圧して国民を統制し、一方では、忠孝を重視する国民倫理教育を強調してイデオロギーを利用した国民統制も行った。

全斗煥政権は、クーデター勢力を中心に民主正義党を結成してこれを与党とした。そして「政治風土刷新に関する特別措置法」を制定して、既存政党を解散した後、野党（民主韓国党、韓国国民党）も組織して傀儡政党として利用した。また、この法律を利用して政治家五六七人の政治活動を禁止し、新軍部に批判的な政治家を政界から追放した。さらに、国会を支配するために全議席の三分の一を全国区で選び、全国区議席の三分の二は第一党に割り当てるという規定を設け、与党の国会支配を図った。

また、政権に対する抵抗を封鎖するため、政府に批判的な八七〇余人の言論人を強制的に解職させた後、新聞社や放送局を統廃合した。この措置により一七二種の定期刊行物が廃刊となり、六四社の報道機関（主に新聞社）のうち四四社が廃止され、放送局も国営の一社と民営の二社のみが生き残った。

労働運動も厳しく弾圧を受けた。労働法では、労働者の団結権・団体交渉権・団体行動権が保障されていたが、団体行動権は、国家の判断により制限することができるとの規定があって、実際には労働運動は禁じられていた。一方、資本家に対しては、産業構造調整という名目で、野党と親しい関係を維持している一部の財閥企業を不正蓄財企業として倒産させた後、財閥企業や資本家と支配連合を組んで、政経癒着関係を固めた。

学生を中心とした民主化運動も徹底的に弾圧を受け、学生や民主化運動の指導者たちは次々と逮捕・拘禁された。逮捕を免れた大学生などは、工場などの労働現場に偽装就業の形で潜入し、労働者にイデオロギー教育を行うとともに労働者の組織化を進めていった。

教育改革という口実の下に学校以外での学習や、塾での教育活動を禁止するなど、法律的根拠のない政策を強引に推し進めた。

一方、国際関係では、反共安保国家や親米路線を明らかにした全斗煥政権をアメリカがいち早く支持した。一九八一年一月に発表された韓米共同声明でアメリカは駐韓米軍の駐屯継続と韓国軍の近代化計画への支援を約束した。朴正熙政権の末期、対米自主路線に頭を悩まされたアメリカとしては全斗煥政権の登場は歓迎すべきことであった。ソ連との軍備競争に突入して新冷戦時代を開いた当時のR・レーガン政権にとってはなおさらであった。

日本もこうした国際環境のもと中曾根康弘首相の個人的な政治信念も働いて、全斗煥政権が要請した安保協力資金（四〇億ドルの借款）を提供するなど全斗煥政権を支持した。

任期中盤になって全斗煥政権は、強圧政治に対する国民の不満を和らげるため、政治活動規制の解除、学院自由化（大学生の学内活動の自由化）、解職教授の復職など規制緩和措置をとった。この措置により民主化運動勢力が活動を開始し、学生・労働者・在野勢力・野党政治家などが連合して中間階層の支持を背景に全斗煥政権を圧迫し、ついに一九八七年六月二九日、「民主化宣言」を引き出したのである。これに関しては第三章第一節で詳しく述べることにする。

ところで、ここで注目すべきは、このような強圧的な政権が維持され、経済的に高い成長率を記録できたことである。それは北朝鮮の軍事的脅威や社会混乱を恐れた中間階層と、財閥企業を始めとする資本家が政権を暗黙に支持したからであった。特にこの時期は対外的にも三低現象（ドル安・金利安・原油安）に助けられ、急速な経済成長が進み、国民の全斗煥政権に対する不満がかなり吸収されたのである。

こうした経済成長は、全斗煥政権の存立を支えてくれたが、皮肉にもこれが結果的には権威主義独裁体制に終焉を告げる要因となったのである。

3　全斗煥政権の評価

全斗煥政権は、「民主的な福祉国家」を国政目標と定め、民主主義の土着化・社会正義の具現・教育革新などの理想的な目標を掲げた。しかし、全斗煥政権の現実の政治はそうした目標とはあまりにもかけ離れた非民主的で正義に欠けるものであった。

全斗煥政権が韓国政治にもたらした否定的な側面は、次のとおりである。

一つ目は、民主主義の破壊である。この政権は、大統領に権力を集中させ、立法府と司法府を無力化し、法律よりも物理的な強制力を利用して不法な逮捕や拘禁・検問・拷問などを行った権威主義政権であった。民主化運動は徹底的に弾圧され、言論・出版の自由も剝奪された。労働運動も制約され、利益集団や民間組織といった自律的な組織も許されなかった。

二つ目は、軍事文化の固定化である。全斗煥政権は、合法的な政治過程を無視し、武力をもって成立したため、権力の正当性や合法性を欠いた非合法的な政権であった。そのためこの政権は、執政期間中にもルールや競争原則を無視して恣意的な方法で統治を行った。これにより韓国では、合法的な手続きや過程が軽視され、結果のみに力点を置く軍事文化が重視されるようになった。

三つ目は、地域対立感情と社会分裂の深化である。全斗煥政権は、軍部勢力や地域を偏重した人事を行い、社会統合を著しく阻害した。政府の重要ポストには軍部出身者が重用され、有能な民間人を人材登用することは制約を受けた。また、大統領の出身地域である慶尚《キョンサン》道の人々は優遇され、他の地域出身、特に全羅《チョンラ》道の人々は冷遇された。このため、地域対立感情が深刻化し、社会の分裂につながっていったのである。

四つ目は、資本主義市場経済秩序の歪曲である。全斗煥政権は、政経癒着や国家主導の経済運用を通じて企業を統制し、資本主義市場経済原則を歪曲させ、企業の競争力を低下させた。こうした政府による市場経済や企業構造の歪曲は、結局、金泳三政権末期に起こった国家経済破綻の遠因となったのである。

五つ目は、道徳性の破綻である。この政権では、権力が私物化され、法執行の公正性が確保されていなかったため、不正腐敗が蔓延した。政経癒着と官僚の腐敗、大統領一家の利権介入（全斗煥大統領の実弟と息子の利権介入）、不正な政治資金集めとそれを利用した工作政治などが行われた。政権レベルで行われたこうした不正腐敗は、社会全体に波及していき、不法で非常識的な社会モラルが一般化する結果をもたらしたのである。

以上のように全斗煥政権は、朴正熙の維新体制を踏襲して、立法府と司法府を行政府に従属させ、大統領に権力を集中させ、権力を私物化した。権力の基盤を軍部に置き、財閥との支配連合を形成して政治・経済・社会のすべての部分を物理的強制力で統制したので、この政権は、軍部権威主義独裁体制と性格づけることができる。

6 民主化宣言と盧泰愚政権（一九八八〜一九九三年）

1 盧泰愚政権の成立過程

一九八七年六月の「民主化宣言」によって憲法が改正され、大統領直接選挙制により行われた一九八七年一二月の大統領選挙で盧泰愚《ノテウ》候補が当選した。盧泰愚は、第五共和国全斗煥大統領の後継者であった

盧泰愚が大統領に当選した主な理由は、民主化運動を指導していた金泳三と金大中の敵前分裂であ

った。つまり、両氏が大統領候補一本化に失敗して民主化勢力が二分したからであった。

こうした結果を、全斗煥・盧泰愚陣営ではすでに予想していた。「民主化宣言」は、全斗煥政権の独裁政治に対する国民の抵抗によって出されたことはいうまでもないが、一方では、全斗煥政権の計算された戦略によって出されたという側面も見逃せない。全斗煥政権は、国民に一定の民主主義を許容して民主化運動を弱体化させるとともに抵抗勢力の内部分裂を誘発し、後継者によって再び政権を奪取することをたくらんでいた。つまり、全斗煥・盧泰愚陣営では、民主化勢力の両指導者であった金泳三と金大中が、長年の政治的ライバルであるため、決して大統領候補の一本化はありえないという計算によって「民主化宣言」を許容し、選挙によって政権を再び獲得することに乗り出したのである。

「民主化宣言」以後、民主化の実践戦略や階級的利益の差異によって在野勢力と野党が分裂し（在野勢力は、徹底的に軍部権威主義体制の打倒を主張し、野党勢力は選挙による政権奪還を主張した）、野党では金泳三勢力と金大中勢力が分裂し対立するなか、地域対立感情も加わって民主化運動勢力は、四分五裂してしまったのである。

さらに、大統領選挙の直前、北朝鮮の工作員により犯されたとされる大韓航空機爆破事件も、北朝鮮の軍事的脅威を強調した盧泰愚候補にとって有利に働いた。この事件の真相はいまだに明らかになっていない。

大統領選挙の結果、盧泰愚候補は三六・六%、金泳三候補は二八・〇%、金大中候補は二七・一%、金鍾泌候補は八・一%を獲得して盧泰愚候補が当選を果たした。

盧泰愚政権成立には、上記の選挙結果からもわかるように両金の分裂が決定的な要因となった。

2　盧泰愚政権の政治

「民主化宣言」を受けて成立した盧泰愚政権の当面の課題は、政治の民主化、経済的正義の実現、南北関係の改善による分断体制の克服であった。

盧泰愚政権は、発足初期から厳しい状況に置かれた。というのは、一九八八年四月に行われた国会議員選挙で、与党民正党が過半数の獲得に失敗し、「与小野大」（韓国では大統領選挙で勝利した政党が与党になる。したがって、国会議員選挙で与党が多数党になれない場合、与小野大の国会になる）の国会が出現したからである。その結果、野党は、権威主義清算の一環として第五共和国の全斗煥政権が犯した失政（特に、光州民主化運動鎮圧、言論統廃合、不正腐敗）に対する審判（いわゆる「五共〈第五共和国〉清算」）を要求し、盧泰愚政権は、自分の政治基盤である全斗煥前政権を断罪せざるをえなかった。その結果、全斗煥前大統領の肉親やブレーンたちが逮捕・処罰され、全斗煥前大統領は、国民に謝罪した後、山寺に謹慎した。

「五共清算」は、政治的な妥協により途中でうやむやに終わったが、民主化改革は進展した。政府に対する野党や言論による批判も自由になり、情報機関による政治査察や軍部の政治介入も露骨にはできなくなった。労働三権に対する法的・行政的規制も排除され、労使関係の自律化と政府の介入抑制も約束され、労働運動も一応自由化された。

経済の民主化や経済的正義のための政策も推進された。一九八八年には国民年金制度が実施され、福祉政策もスタートした。一九九〇年からは、一部階層の土地独占を制限する土地公概念（土地の公的性格を認め、過度な土地所有に重く課税するという趣旨）関連三法（「宅地所有上限法」、「開発利益環収法」、「土地超過利得税法」）も実施された。

ところが、盧泰愚政権のこうした改革政策の推進は、法的・制度的な側面での改革であって、軍部権威主義体制全般に対する根本的な改革にまでは至らなかった。野党や民主化勢力の圧力により民主化改革が行われたが、彼の政権基盤が新軍部勢力にあったことから受け身の推進であった。そのため、国民からその優柔不断さを非難された。

「与小野大」下での「五共清算」の過程で政権維持への危機感を覚えた盧泰愚大統領は、一九九〇年二月、野党の民主党（金泳三総裁）と共和党（金鍾泌総裁）に与党との合併を提案して成功させた（この合併は、議院内閣制への改憲と大統領後継者を狙った野党指導者による政治的談合であった）。これにより盧泰愚政権は、国会議席の七二％という圧倒的多数を有する民主自由党の支援を受けるようになったが、次期政権構想をめぐる与党の内紛により大きな効果が生じることはなく、国政での推進力も得られなかった。かえってこの政治的談合に対する野党（平和民主党）の反発が厳しくなり、国会では与野党の対立が極限状態で続き民主化改革はさらに遅れた。

一方、盧泰愚政権の発足以後も一部の急進的な民主化勢力は、改革の不徹底や政府の対米政策、対北統一政策を批判して反政府デモを繰り返した。彼らは、北朝鮮との直接接触を図ったり（北朝鮮への密入国など）、北朝鮮の主体《チュチェ》思想を取り入れるなどして急進化した。しかし、かつての民主化運動のときとは異なり国民の支持を得られなかった。この時期から民主化のエネルギーは目に見えて減退していった。

内政において優柔不断さを非難された盧泰愚政権は、外交面では、いわゆる「北方外交」を掲げ、一定の成果を収めた。「北方外交」とは、北朝鮮を始め、ソ連や中国など社会主義国家との関係改善を通じて分断体制の緩和と外交力の増大を図る政策であった。つまり、北朝鮮との関係で主導権を握るとともに、中・ソを利用して北朝鮮に対する影響力を行使するのが狙いであった。

「北方外交」のもう一つの狙いは、民間部分、特に学生を中心として展開されていた統一論議を政府主導に転換させることにあった。

「北方外交」により、南北間では両国の平和共存体制構築に合意した「南北基本合意書」が採択され、また、南北の同時国連加盟が実現（一九九一年）した。さらに、一九九〇年にはソ連と、一九九二年には中国と国交を正常化し、分断体制の克服と韓国外交の国際化に貢献した。

3　盧泰愚政権の評価

盧泰愚政権の政治は、法的・制度的面と手続き面では民主主義を志向した。直接選挙により選出された大統領であり、立法府と司法府の権限が強化されたことで三権分立の原理も一応復元された。また、言論の自由も拡大され、労働運動も活性化した。部分的ではあったが、地方自治が三〇年ぶりに復活し、国民の政治参加も保障され、国民の政治的自尊心もかなり回復した。盧泰愚政権は、制限付きであったが、権威主義体制のゲームルールを民主的なゲームルールに変えたのである。

しかし、盧泰愚政権は、第五共和国勢力を政治基盤として執政したので、権威主義的遺産の清算に消極的・受動的に対処せざるをえなかった。盧泰愚政権は、第五共和国の清算問題に対して野党と妥協して政治的解決策をたくらんだのであって、自ら全斗煥政権との断絶を明確にすることができなかった。つまり、法的・制度的に民主主義は取り入れたが、自ら権威主義的政治形態を変えることはできなかったのである。例えば、地域感情を利用した選挙、新軍部人脈の登用、国民の同意を得られなかった密室での三党合併、政経癒着、不正な政治資金の調達、中間評価（盧泰愚大統領は任期中盤に自分の政権に対する国民の評価を受け、進退を決めると公約した）の不履行、対北問題の独占などがそのよい例である。

さらに、盧泰愚政権は、未熟な国政運営により、民主化に伴って噴出した社会各層の利害関係をうまく調整することができず、社会的葛藤と混乱をもたらした。つまり、多元化していく政治的・社会的流れに適切に対応することができなかったことにより社会統合を遅らせたのである。

盧泰愚政権は、「民主化宣言」により与えられた民主化改革という重大な課題を背負って発足したが、個人の指導力不足や権力の生来的限界のため、表では民主政治を標榜しながらも中身は軍部権威主義の属性から脱皮できなかった擬似民主主義政治体制であったといえよう。

7　文民政権の誕生と金泳三政権（一九九三〜一九九八年）

1　金泳三政権成立の背景

一九九二年一二月に行われた大統領選挙で、民主自由党の金泳三候補が当選して、翌年二月、第一四代大統領に就任した。

これにより韓国政治は、三〇年あまり続いていた軍部政治を終わらせ、文民政治時代を迎えるに至った。金泳三政権の誕生は、韓国の政治権力が、軍部から文民に移行したことに大きな意義がある。大統領選挙で金泳三が当選を果たした要因は、まず、軍部政権の終結と文民政権の登場を期待していた国民の願望であった。国民の支持も強力な政治基盤も持たなかった盧泰愚大統領は、野党との政治的な妥協により後継体制を誕生させ、退任後の身の安全を図ろうとした。この結果、生まれたのが三党合併である。金泳三は、盧泰愚政権下で次期大統領候補の指名を条件に民正党と合併して盧泰愚政権を支えてきたのであり、実際に選挙戦で与党の支援を受けることで勝利できたのである。このことから金泳三政権を純粋な文民政権の誕生と見ない向きもある。もう一つの要因は、地域対立感情である。この選挙でも、慶尚道を政治基盤とする金泳三候補と、全羅道を政治基盤とする金大中候補が争ったが、人口面で有利な金泳三候補が当選したのである。両候補とも民主化運動の指導者で、民主化改革を選挙公約に掲げたため政策や理念には差異がなく、結局、地域主義が選挙結果を左右したのである。

2 金泳三政権の政治

文民政府を名乗り「新韓国の創造」を国政の目標と掲げた金泳三政権に与えられた課題は、権威主義体制の遺産を清算して新しい民主国家体制を創造することであった。

金泳三政権は政権初期から、権威主義体制の維持に動員された政治制度や法律の改革、軍部の政治介入の遮断、不正腐敗の打破と経済的正義の実現、「光州民主化運動」と「一二・一二軍事クーデター」の真相究明などに乗り出し、次のような改革を行った。

まず、一つ目は、政治制度と法律の改革を行った。つまり、国家安全企画部（現国家情報院）法を整備して、情報機関の政治関与（政治介入・野党政治家に対する査察など）および越権行為などを禁止し、情報機関の政治介入を遮断しようとした。また、労働者の社会的市民権を侵害してきた労働関係法を改正し、複数労働組合の許容、整理解雇（雇用調整の一環として行われる余剰人員の解雇）の法制化、法定退職金制度（退職金制度の強制）の緩和などを定めた（しかし、労組の政治参加などは事実上認められなかった）。さらに、金権・官権選挙を打破するため「統合選挙法」を制定して、法定選挙費用の制限、選挙費用の一部国庫負担、選挙法違反における連座制の拡大、政治資金関連書類の一般公開などを施行した。

二つ目は、軍部優位の政治構造を民間優位の政治構造に転換することであった。社会の各分野に進出していた軍人出身の公職者を徐々に引退させ、それまで軍人出身者が担当した大統領警護室長と国家安全企画部長にも民間人を任命した。全斗煥・盧泰愚政権の軍部内支持組織であった「ハナフェ」を解体し、その関連者を軍の要職から排除した。こうした措置によって軍部の政治介入は難しくなった。

三つ目は、不正腐敗の一掃を掲げ、「公職者倫理法」を改正して政治家・高級公務員の財産公開を行った。その結果、財産形成について問題があるとされた多くの高位公職者が辞職した。不正腐敗や政経癒着を是正する制度的な装置として「金融実名制」（金融取引で実名を使うこと）と「不動産実名制」が導入された。

四つ目は、「光州民主化運動」と「一二・一二軍事クーデター」の真相究明を行い、「光州民主化運動」について「現政府は光州民主化運動の延長線上にある民主政府」として高く評価したのに対して、「一二・一二軍事クーデター」に関しては「下剋上のクーデター事件」と規定した。さらに、一九九五年一〇月には盧泰愚前大統領の不正蓄財が暴露されたことをきっかけに第五・第六共和国の悪政や失政を断罪せよとの世論が高まり、全斗煥と盧泰愚は逮捕され、裁判にかけられた（全斗煥元大統領は反乱罪などで、盧泰愚前大統領は不正蓄財罪などで起訴され、全斗煥元大統領は無期懲役刑に、盧泰愚前大統領は懲役一七年刑に処されたが、後に両者とも赦免された）。

五つ目は、行政改革と地方自治制度の実施である。金泳三政権は、小さくて効率的な政府を目指し、政府組織の縮小に着手して行政部署の統廃合を断行したほか、国民に対する行政サービスを向上するためにも努力した。さらに、盧泰愚政権のとき、部分的に実施された地方自治制度を一九九五年からは全面的に実施して地方議会の議員のみでなく地方自治団体首長も住民の直接選挙により選出するようになった。

就任当初、金泳三政権は、財閥に対する規制を強化し財閥による経済力集中を排除すべく努力したが、次第に財閥への規制を緩和し、経済成長のため財閥に依存するようになった。これは、経済規模の拡大を図り、政権の経済実績を誇るとともにＯＥＣＤ（経済協力開発機構）加盟も視野に入れていたからであった。

しかし、念願のＯＥＣＤ加盟も実現し、国際社会での一流国家を目指して「世界化」を唱えるなか、一九九七年一月に発生した大手財閥企業「韓宝鉄鋼グループ」の倒産を契機とする韓国経済の破綻は、結局、韓国経済を「ＩＭＦ管理体制」（国際通貨基金から金融支援を受けるかわりに経済政策における管理を受けること）の下に置くことになった。さらに、韓宝グループの調査過程で、金泳三大統領の息子がこの企業から不正な資金を受け取っていたことが明るみに出て、金泳三政権は、経済破綻の責任からだけでなく、道徳的にも大きく傷つけられた。

3　金泳三政権の評価

金泳三政権は、文民政権として政治軍人の排除、選挙改革、地方自治制度の復活、言論や表現の自由および人権の拡大などの民主化措置、金融および不動産実名制のような経済的民主化を断行して民主主義の成長をもたらした。これにより政治領域が著しく拡大し、国家の統制力は減少し、企業の自律化も確保されるようになった。市民社会は大きく活性化され、民間部門の政治参加も闘争ではなく穏健で合法的な方法で行われるようになった。

このように金泳三政権は、歴代政権ができなかった革新的な民主化改革を断行することにより国民の支持を得たにもかかわらず、政権の後半期には「文民独裁」と非難され、国民の支持を失った。これには、次のようないくつかの原因がある。

一つ目は、金泳三政権の改革措置が一貫性と具体性を欠いていたために頻繁な試行錯誤の結果、途中でうやむやになってしまったことである。行政改革や政経癒着に対する措置がその例である。

二つ目は、改革が未来志向的ではなく、過去の清算に重点が置かれ、報復的に行われたので、既得権勢力のみでなく中産階層からも不満を買うことになったことである。「五・六共清算」（第五・第六共和国の失政清算）による前職大統領や関連者に対する処罰問題や不正公職者処罰問題などをその例として挙げることができる。

三つ目は、改革の推進過程で大統領の独走が目立ったことである。世論や利害関係者へ配慮しない独善的な推進は、「文民独裁」という批判を引き起こしたのである。この例としては、一九九六年、与党単独で処理した「労働関係法」と「国家安全企画部法」の改正を挙げることができる。

四つ目は、大統領の強力な権限が依然と維持され、大統領からの与党の自律性も確保されていなかった点、そして国会に対する大統領の支配もあまり改善されなかった点である。

長いあいだ続いた権威主義的慣行を短時間に払拭することは、容易なことではない。しかし、金泳三大統領の場合、そうした努力を欠いたことに問題があった。

金泳三政権は、政権末期に起きた息子の不正な政治資金収受問題や経済危機を招いたことにより、その評価を低下させたが、この政権がとった民主的な改革措置が、韓国の政治発展に大きく貢献したことを否定することはできない。

8 太陽政策と金大中政権（一九九八〜二〇〇三年）

1　金大中政権成立の背景

第一四代大統領選挙で、金泳三候補に敗れた金大中は、一時政界を引退したが、その後復帰し、一九九七年の第一五代大統領選挙で当選した。そして一九九八年二月、大統領に就任した。

この選挙で金大中が当選を果たした主な要因は、経済破綻をもたらした前政権に対する批判と、それに伴う政治・経済的な混乱であった。金泳三政権末期、韓国経済は、IMFの管理体制に入り、金泳三大統領の国政統制力は、ほとんど消滅してしまったのである。それに金大中大統領が、第三・第四共和国の後身ともいえる自民連(自由民主連合)と連合を組んで選挙に臨んだことも選挙結果を有利にした。保守系の自民連との連合は、後に金大中政権の改革推進に障害となったが、金大中の当選に大きく貢献したのは事実である。また、与党の大統領候補であった李会昌《イフェチャン》の息子の兵役忌避疑惑問題も金大中大統領の当選にプラスになった。

これにより韓国では五〇年ぶりに権力の水平的交代が実現された。つまり、大統領選挙で始めて野党が与党に勝利したのである。金泳三政権が新軍部勢力との連合を通じて誕生した政権だったために、真の文民政権として認めにくい面があったことを考えると水平的権力移動により誕生した金大中政権の韓国政治に占める意義は、非常に大きい。

金大中政権の成立は、今までの韓国の政治史における最も改革的な政府の出現を意味する。というのは、この政権は、今まで長いあいだ疎外された地域や社会階層を政治基盤として成立したからである。そのため、金大中政権は、改革に対する国民の熱い期待を背負って発足したのである。

2 金大中政権の政治

「国民の政府」を名乗って、経済危機で国政が混乱を極める最中に発足した金大中政権は、「民主主義と市場経済の並行発展」を国政の目標に掲げ、まず、経済危機を克服するための経済改革に着手した。経済改革の主な内容は、金融と企業の構造改革であった。これは、韓国の経済危機の原因が、こうした部門間の構造的矛盾にあるとの認識から出されたものであった。

このような認識から金大中政権は、金融・企業の両部門において、同時並行的に急速な改革を推進した。金融部門では、金融機関に対する監督体制が整備・強化され、再生不可能な金融機関は短期間に整理された。企業部門では、財閥の高い債務比率を低下させ、財務構造を改善し、大規模事業交換（ビッグディール）により過剰な経営多角化を解除し、事業の専門化を進めるとともに財閥に対する経営監督を強化した。また、貿易、直接投資、資本取引の自由化政策や国営企業の民営化が進められた。さらに、金融機関の政府系持ち株会社による統合なども断行された。

このように金大中政権は、ＩＭＦ管理体制の克服という目標のもとで、政府による銀行・大企業・国営企業の構造改革を行い、企業の国際競争力と質を高め、外国資本の投資条件を改善する政策をとった。

金大中政権の経済改革は、韓国の経済構造を変革する成果を収めたが、大量失業の発生、中産階層の崩壊、労使の軋轢、国富の海外流出、財閥への経済力集中といった様々な問題点も同時に発生させた。

次は、政治改革であった。金大中大統領は、選挙当時、「議会制民主主義を具現し、小さいが効率的な政府を実現する」ことを公約した。つまり、「高費用低効率」の政治制度を「低費用高効率」に変えることであった。この公約に基づいて金大中政権は、政府組織とその機能の改革（政府機関の縮小）、中央人事委員会の設置（合理的な人事の実現）、国家権力機関の民主化と政治的中立（検察・警察の中立化）、地方自治制度の充実（地方財政の充実）、腐敗防止法の制定と特別検事制の導入（政経癒着と不正腐敗の根絶）、司法制度の改革と国家人権委員会の設置（人権保護装置）などを推進した。

ところが、金大中政権の政治改革は、経済や社会部門の改革に比べると決して成功したとはいえない。政府機関の縮小は、国会議員の定数を少し減らし、いくつかの行政部署を改編しただけで、「小さい政府」の約束は守られなかった。中央人事委員会は、設置されたものの年功序列中心の人事慣行は払拭できなかった。さらに、検察と警察の中立化のための改革も頓挫したし、地方自治団体の財政自立度も改善されなかった。

金大中政権は、就任初期から経済構造改革に力を入れながらも、一方では北朝鮮との関係改善に取り組んだ。南北経済協力、南北当局者会議、対北支援、南北基本合意書の履行、離散家族問題の解決、軽水炉問題の解決、朝鮮半島平和環境の造成などは、金大中政権が推進した重要政策であった。

金大中大統領は、一九九八年二月に行われた就任式典で、対北政策の三大原則（北朝鮮による武力挑発を許さない、北朝鮮に対する吸収統一の排除、南北間の交流と協力の推進）を提案して、南北の統一よりは和解と協力を強調した。そして、対北政策の推進方針を北朝鮮に対する支援と支持政策を通じて北朝鮮の開放を導くという抱擁政策（太陽政策）と決めた。金大中政権は、こうした対北政策方針により北朝鮮に対して経済支援と経済協力を積極的に行った。その結果、二〇〇〇年六月には歴史的な南北首脳会談が開催され、南北関係はおおいに改善に向かうようになった。金剛山《クムガンサン》観光事業を始め、南北鉄道や道路の連結、北朝鮮開城《ケソン》への工業団地の建設などが合意されたのもこうした南北関係の進展に伴う成果であった。金大中政権の対北政策が成果を挙げるようになったのは、金大中政権の対北政策が一貫性を保ったためであった。つまり、金大中政権は、政経分離原則により南北の軍事衝突やスパイ船侵入などの事件には軍事的な対応をしながらも、経済支援や交流は中断することなく継続した。対北政策の一貫性を保ったことが、前政権の対北政策と異なるところであり、対北政策が一定の成果を挙げた主な要因であったといえよう。

日本の大衆文化開放を断行して日本との関係改善を果たしたことも金大中政権の功績の一つである。

3 金大中政権の評価

金大中政権は、金泳三政権とは違い、第五・第六共和国の失政に対する断罪という過去清算問題にとらわれることなく、民主主義の定着に専念することができた。しかし、経済危機により彼の改革は、政治よりは経済に重点が置かれ、政治改革は、内容も結果も未熟で未完のまま終わった。金融・企業の構造改革を核心とする経済構造改革は、資本主義経済の矛盾を始め、経済運営における韓国的な慣行や制度を改善することにより、韓国経済の国際化を推進し、国際競争力を高めた。公正な商取引ルール、透明な経営、柔軟な雇用政策（企業の経営危機のときに従業員の減員を可能にするなど）、新しい労使関係（対話と協力による関係）の定着、国営企業の民営化などがその実績である。しかしながら、すでに指摘したように、雇用問題の悪化、貧富の格差の拡大、財閥企業の独占強化、経済の対外従属の深化、国富流出などの問題を生み出したことも見逃してはならない。

民主主義の定着化という政治的課題を抱えていた金大中政権の政治改革は、国民の期待に応えられないものであった。その理由としては、連合を組んだ自民連の非協調、巨大野党と保守既得権勢力の抵抗、権威主義的な国政運営などが挙げられる。しかし、それよりもっと根本的な要因は、金大中政権下では国民の関心が経済危機克服や南北関係に集中し、政治改革が関心を集められなかったことにある。

金大中政権の一番の業績は、やはり南北関係の改善と南北首脳会談を成功させたことである。南北首脳会談の代価として、韓国が北朝鮮に五億ドルの資金を提供したことに後ろめたさはあるものの、この会談が南北関係の進展におおいに貢献したことを否定することはできない。しかし、南北の敵対感情解消、離散家族問題、軍備統制の縮小、平和条約締結（不可侵条約締結）など、南北間には未解決の課題が山積している。こうした問題は、時間をかけ忍耐力をもって解決していかなければならない。金大中政権の対北太陽政策は、盧武鉉《ノムヒョン》政権に受け継がれ、対北政策の基本路線となった。

9 インターネット世代と盧武鉉政権（二〇〇三年～二〇〇八年）

1 盧武鉉政権の成立過程

盧武鉉大統領は、二〇〇二年一二月に行われた第一六代大統領選挙で、ハンナラ党（金泳三政権の与党であった新韓国党を母体とする保守政党）の李会昌候補を退けて当選した。この選挙で進歩的性向の盧武鉉大統領が当選したことにより、民主化のみでなく社会全般に対するより進歩的な改革が期待された。さらに、盧武鉉大統領は、慶尚道出身でありながら、全羅道地域の支持を受けて当選したので、地域主義の改善に対する期待も膨らんだ。ここに盧武鉉大統領当選の大きな意義がある。

独自の政治基盤や勢力を持たない盧武鉉が大統領に当選したのは、韓国社会全般に根本的な変化を求める国民の願望による。つまり、「民主化宣言」以後登場した文民政府により、改革が試みられたもののの、依然として経済的な不平等は改善されず、貧富の格差がますます深刻化した。既得権勢力は相変わらず権力と富を独占し、政治家や官僚の不正腐敗も根絶されていなかった。それに、政府の国政運営方式も権威主義から脱皮できず、国会では与野党の極限対立で機能不全状態が続いた。こうした現実に対する国民の不満や失望感が、進歩的な改革を唱えた若い盧武鉉候補への投票につながった。特に、若い世代がインターネットを通じて選挙への参加と盧武鉉支持を呼びかけたことが決定的な勝因となったといわれている。さらに、当時現職の金大中大統領の支援も大きな力になった。

盧武鉉大統領は、このように若年層や疎外された階層の支持により当選し、社会構造全般の改革を迫られる形で登場したのである。

2 盧武鉉政権の政治

二〇〇三年二月に発足した盧武鉉政権は「参与政府」を名乗り、「国民とともにする民主主義」、「均衡のとれた社会発展」、「平和と繁栄の北東アジア時代」の実現を国政目標として、「韓半島平和体制の構築」、「腐敗なき社会」、「地方分権と均衡発展」、「参与と統合の政治」、「自由で公正な市場秩序の確立」、「北東アジア中心国家建設」、「参与福祉と生活の質的向上」、「教育改革」、「社会統合的な労使関係の構築」などの国政課題を掲げた。

盧武鉉政権は、権威主義政治の打破と対話による葛藤の解決を重視する統合政治を強調した。盧武鉉政権は、三八六世代（年齢が三〇代で、一九八〇年代に大学で民主化運動に参加した、一九六〇年代生まれの世代）を中心に各分野における進歩的性向の人物を重用して、社会全般にわたる改革を図った。例えば、対米自主外交、検察・警察の中立化、財閥企業の独占規制、政経癒着と政治腐敗の一掃、地方分権の拡大、行政首都の移転、対北柔軟政策、「四大改革立法」（国家保安法廃止、言論関係法制定、私立学校法改正、過去史法制定）の処理などが盧武鉉政権の試みた改革の主な内容である。

しかし、盧武鉉政権のこうした改革政策は、保守系の野党や既得権勢力（保守的言論界・財閥企業・自営業者・官僚・富裕層および一部の中産階層・右翼団体など）の抵抗にぶつかり成果を上げることができなかった。よい例が盧武鉉大統領に対する国会の弾劾訴追決議である。二〇〇四年三月、盧武鉉大統領は、選挙法違反発言（国会議員選挙で与党支持を訴えた発言。韓国では大統領は国会議員選挙で中立を堅持しなければならない）を理由に国会から憲法裁判所に弾劾訴追され、大統領権限を停止された。憲法裁判所で弾劾訴追の合憲性が否定され、大統領権限は回復されたが、この事件は、盧武鉉政権に対する抵抗勢力がいかに広範で強力かを物語っている。

しかし、大統領弾劾への国民の反感から、同年四月に行われた国会議員選挙では与党のヨルリン・ウリ党（略称、ウリ党）が勝利（総議席二九九のうち一五二議席確保）し、大統領の改革政策に弾みがついた。こうしたことから盧武鉉政権は、地方分権と地域の均衡発展を掲げ、新行政首都移転を推進したが、野党の反対や憲法裁判所の違憲判決により挫折した。さらに、盧武鉉政権は、軍部政権に基盤を置いて社会各分野で既得権を享受しながら改革に抵抗している勢力を弱体化させ、こうした既得権勢力を中心に構築されている社会構造の改革を狙って「四大改革立法」の処理を急いだが、これも野党や保守勢力の根強い反発によって挫折あるいは内容が形骸化した形で成立した（「四大改革立法」処理の名分は、分断体制の緩和・言論独占の規制・私学財団の不正防止・植民地遺産の清算であるが、一方、これは、盧武鉉政権が既得権勢力の立地を弱め、既得権勢力に政治的基盤を置いている野党を弱体化するという政治的狙いもあったといわれている）。

3　社会統合に失敗した盧武鉉政権

政権発足当時は七〇％台の支持率を維持していた盧武鉉政権は、次第に支持率が低下し続け、二〇〇六年ごろからは二〇％台に落ち込んだ。主に若者や労働者、農民、都市の低所得者など社会経済的な弱者層から支持を受けていた盧武鉉政権はそのような階層からも見離された。さらに、盧武鉉大統領の権力基盤であった与党のウリ党は、次期大統領選挙を意識して盧武鉉大統領から距離を置き、分裂した後、統合民主新党に党名を変え、大統領選挙に臨んだが、保守党のハンナラ党に大敗した。その結果、一〇年間続いた進歩政権は保守政権へと代わった。既得権層中心の韓国の社会構造を変え、社会全般に対する改革が期待された盧武鉉政権が、既得権勢力からはもちろん社会経済的な弱者層からも見捨てられ保守勢力への政権交代を招いた原因はどこにあったのか。その原因としては以下の三点が考えられる。

第一に、経済の停滞と所得格差の深化である。盧武鉉政権の五年間、韓国の一人当たりＧＮＰは、二倍近く増加した。しかし、富の一部の階層への集中は国民の所得格差を広げ、経済的な弱者層から政府に対する批判が強まった。こうした結果をもたらしたのは盧武鉉政権が、前政権が経済危機を打開する過程で取り入れた、競争力を重視する新自由主義経済路線を引き継いだことが背景にあった。農民や労働者の反対を退けてアメリカと韓米FTA（自由貿易協定）に調印した（二〇〇七年）のは、盧武鉉政権のこうした政策路線をよく物語っている。こうした市場経済における競争原理を重視した政策路線は元々盧武鉉政権に反対する既得権を有している勢力を有利にし、サラリーマン、零細商人、労働者、農民、都市低所得層を苦しめ中産階層の破壊をもたらし、政権離れを加速化させたのである。

第二に、社会統合の失敗と社会的葛藤の深化である。韓国では民主化に伴う社会の多元化が進むなか経済、安保、教育、福祉、労働、環境、租税政策などをめぐって階層葛藤、理念葛藤、集団葛藤、地域葛藤、世代葛藤など様々な対立と葛藤が生じている。韓米FTA調印・不動産政策・労使問題・租税政策をめぐる階層葛藤、対米政策・対北朝鮮政策などをめぐる保守・進歩の理念葛藤、教育問題・言論対策などをめぐる集団葛藤、選挙・地域開発・首都移転・環境問題などをめぐる地域葛藤、インターネットの普及による世代葛藤などがそれである。こうした社会的葛藤に対して盧武鉉政権は話し合いや辛抱強い調整による社会統合を図ったのではなく、善悪、是非の二分法的な思考で対応することによって葛藤をより深化させたのである。盧武鉉政権では大統領の政治的理念や価値観に反する世論や意見が国政にあまり反映されず、大統領と政治的信念や路線をともにする人物が人事で優遇されるいわゆる「コード人事」が行われ、政治的対立を増した。また、盧武鉉大統領は改革に反対する一部階層（特定の富裕層）や保守言論、野党を敵にまわし、社会的亀裂を深化させたのである。

第三に、アマチュアリズムによる政策の失敗である。盧武鉉政権は三八六世代という三〇、四〇歳台の進歩的な人物を閣僚などに重用した。ところが、彼らは専門性や経験が乏しいアマチュア政治家であって、様々な部門で政策運営の未熟さによる失敗が目立ち、政府に対する国民の不信感や不安感を募らせた。対米・対日関係の悪化をもたらした外交政策、租税に対する不満を増幅させた租税政策、不動産価格の暴騰を煽った不動産政策、保守言論の抵抗に直面した言論政策、天文学的な「私教育費」の増加をもたらした教育政策、ソウル市民の反対によって形骸化した新行政首都移転の問題などが代表例である。特に不動産政策の失敗は庶民のマイホームへの希望を奪い、盧武鉉政権に対する政策不信の最大の原因となった。そのほかにも、側近の不正問題、盧武鉉大統領の抵抗的リーダーシップ（感情的リーダーシップ）、軽率な言葉遣いなども指摘された。

4　盧武鉉政権の評価

盧武鉉政権が進めていた政策方向、つまり、国内政治における権威主義政治の一掃、「既得権勢力」による富と権力世襲の断絶、南北関係における分断体制の解消、アメリカとの関係における自主外交の追求は、韓国の政治発展や朝鮮半島および北東アジアの平和と安全、それに正常な対米関係の構築に欠かせない課題である。その意味で盧武鉉政権が志向した改革の方向性は、正しかったと思われるし、今後、韓国が進むべき青写真を提示したといえよう。しかし、盧武鉉政権は進歩的政治家として長年目指してきた「権力と富を世襲する社会構造の改革」には失敗したといわざるをえない。前述したように経済破綻という国内的な要因、グローバリゼーションという国際的潮流、盧武鉉大統領の信念が貫徹できなかったことによって進歩的な改革が挫折・変質し、盧武鉉政権は保守・進歩の双方から非難され、社会的な葛藤を深化したまま終わりを告げた。盧武鉉政権の社会的な葛藤を深化させたことに対する責任は大きい。

しかし、だからといって盧武鉉政権の韓国民主化と政治発展に貢献した実績を過小評価することはできない。盧武鉉政権が権威主義政治という長年の韓国政治の悪弊を解消し、韓国政治の流れを変えたことは事実である。大統領は従来のような国民の上に君臨する指導者ではなくなった。政治家や公務員は国民の身近な存在となり、国民の政治参加も積極的に行われるようになった。政治と金の問題もかなり解消した。政経癒着はもはや姿を潜めた。市民社会による政治への牽制や監視体制も整えられ、韓国の市民社会も定着段階に達している。

こうした韓国における民主主義の内面化が急速に進んだのは盧武鉉政権の大きな業績である。盧武鉉政権は長いあいだ歪んでいた韓国政治の流れを変えた。これが盧武鉉政権誕生の歴史的な意義であり、この政権を高く評価する所以である。さらに、金大中政権から始まった北朝鮮に対する融和政策を受け継ぎ南北の信頼関係を一段と発展させた功績を見逃すことはできない。

盧武鉉政権が社会的葛藤を深化させたことは弁明の余地がない。ところが、政治発展に伴う社会の多元化過程で社会的葛藤が噴出するのは決して異常なことでもないし、望ましくない現象でもない。さらに、この問題の解決には相当の時間がかかる。問題はいかにしてこうした社会的葛藤を政治的・社会的な損失を最小限に食い止めながら統合していくかである。この課題は次期政権に委ねなければならなくなった。

10 保守政権への回帰と李明博政権（二〇〇八年〜二〇一三年）

1 李明博政権成立の背景

二〇〇七年一二月に行われた第一七代大統領選挙で、保守系ハンナラ党の李明博《イミョンバク》候補が盧武鉉政権の後を継ぐ鄭東泳《チョンドンヨン》候補に得票率で大差をつけて当選した。不正な株価操作への関連などいくつかの法律違反に対する道徳的な責任が問われたにもかかわらず李明博候補が当選を果たした背景には、経済不況により苦しめられている庶民や若者の経済の建て直しに対する熱望があった。政治改革や南北関係の進展などでは相当の成果を上げた盧武鉉政権は、経済面においては中途半端な新自由主義経済政策を取り入れた結果、経済の両極化による所得格差や青年失業を深化させ、盧武鉉政権に大きく期待を寄せていた庶民や若者を失望させた。そこで国民は「現代グループ」のＣＥＯ（最高経営者）出身であり、ソウル市長の時代の決断力と実行力により「清渓川《チョンゲチョン》復元工事」（ソウルの中心部に流れる川をコンクリートで覆って道路にしたものを川に戻した工事）など多くの実績を上げた李明博候補に経済の建て直しを託することになったのである。それに既得権勢力を中心とする保守勢力の結集や保守言論の反盧武鉉政権キャンペーンなどが李明博候補の勝利を確実にしたのである。さらに、北朝鮮に対する融和政策が北朝鮮の変化をもたらさなかったという批判と焦りが政権交代へ繋がったとの見解もある。この選挙により韓国では自由や民主化などのイデオロギーよりは経済や失業など現実問題が重視される社会へと移転していくことが明確になった。

2 李明博政権の政治

二〇〇八年二月に発足した李明博政権は、一〇年ぶりの保守政権として以前の進歩政権の時期を「失われた一〇年」と批判し、新しい政策を推進した。国家ビジョンとして「先進化を通した世界一流国家」を提示し、イデオロギーよりは実用と効率を重視した「創造的実用主義」を国政運営の哲学として強調した。「先進化」のために行われた主な政策を経済、政治、外交の分野に分けると、次のようである。

第一に、経済分野では「先成長後分配」政策が行われた。つまり、所得格差の解消のため福祉政策を無視することはできないが、パイ（経済規模）を大きくすれば分配の分け前も大きくなるという成長論理が経済政策の柱になっている。経済成長のための具体的な政策としては、減税による投資および消費の活性化政策、企業活動に対する規制緩和政策、市場論理に基づいた親企業的な労働政策などを挙げることができる。小さい政府と市場原理が重視される新自由主義経済路線が進められたのである。

一方、李明博政権は政府が主導する大規模な国策土木工事を行った。「四大河川整備事業」が代表的である。このプロジェクトは、李明博大統領の選挙公約である「韓半島大運河」建設（ソウルと釜山を大運河で繋ぐという事業）が国民の反対で中止になった後に発表された。漢江、洛東江、錦江、榮山江の四大河川に対し、洪水や干ばつ防止および水質改善のための工事、中小規模のダムの建設などが二〇〇八年から二〇一二年まで行われた。このような国家主導の膨大な土木事業は、小さい政府という方針や市場原理に反するものであり、当時国民の七〇％以上が、膨大な予算の投入による財政の悪化、工事受注過程における不公正と腐敗、自然生態系の破壊などを理由に反対した。

第二に、政治分野では政府組織の改革が進められた。基本方針として「小さくて有能な政府」を強調し、以前の一八部四処一八庁の中央行政機関を一五部二処一七庁に縮小した。しかし公務員の数は、前政権時より九〇〇〇人あまりが増加した。

民主主義の問題に対して、李明博政権は政治を法治や行政の次元に還元する傾向があった。なにより法治主義を強調し、国政運営は国民との意思疎通なしに一方的に行われることが多かった。代表的な事例が、政権発足直後である二〇〇八年四月に狂牛病疑惑に関する解明なしに米国産牛肉の輸入を一方的に決定し発表したことである。これに対し、延べ一〇〇万人の市民が参加したロウソクデモが三カ月にわたり行われた。大統領の支持率は一〇％以下に落ちた。

また、市民社会の自由、特に言論の自由問題において李明博政権は言論関係法の改正を通じて、政府に対する言論（特に放送）の報道を構造的に統制しようとした。さらに財閥企業と大手新聞社の放送進出を法的に許容することにより、新聞と放送の寡占を認め、世論の多様な形成を阻む結果となった。

社会統合の側面でも保守勢力と進歩勢力との陣営対立が深まった。公共葛藤は国家主導の国策事業をめぐるものが多く、政府が対立の当事者となった。主な事例としては、前述した四大河川整備事業や米国産牛肉輸入問題のほかに、行政首都の世宗《セジョン》市への移転問題を挙げることができる。つまり李明博政権は、世宗市政策について行政中心都市から教育科学中心の経済都市へと一方的に変更し、これに対する反対世論が急増した。結局、政府の修正案は国会で否決され、原案のどおりに行政中心都市の建設が進められるようになった。

第三に、外交および安全保障の分野では「成熟した世界国家」としてのグローバルな外交を強調した。国連を中心とした国際平和維持活動および海外開発援助に積極的に参加し、二〇一〇年にはソウルで議長国として第五次G20サミット、二〇一二年には第二回核セキュリティ・サミットを開催した。またアメリカとの同盟関係を強化することに注力し、二〇〇八年から始められた日中韓サミットにも積極的に参加し三国共同の常設事務所をソウルに設置した。

北朝鮮との関係については、具体的な戦略として「非核・開放・三〇〇〇構想」を公式に表明した。つまり、北朝鮮が核兵器を廃棄し開放政策を進めるならば、一〇年以内に一人当たりの国民所得が三〇〇〇ドルになるように支援するという政策である。これは、戦略的に北朝鮮の完全な非核化と南北間の相互主義を前提にしたものであり、以前の一〇年間の進歩政権が行った包容政策に比べ、制裁が中心となる圧迫政策であった。北朝鮮は強く反発し、二〇〇九年五月に二回目の核実験を実施した。二〇一〇年三月には韓国海軍の哨戒艦「天安」の沈没事件が起こり、これに対し韓国政府は同年五月に「五・二四」対北朝鮮制裁措置（開城《ケソン》工業団地を除いた南北間交易の全面中断など）を施行した。同年一一月には朝鮮戦争の停戦以来初めて、北朝鮮が韓国の領土（延坪島）に砲撃する事件が起きた。

3 李明博政権の評価

李明博政権は、経済の建て直しに対する国民の期待のなかで「経済大統領」として登場し、成長優先政策を推進した。しかし二〇〇八年に発生したアメリカ発のグローバルな金融危機（リーマンショック）の影響で、マクロ経済政策は主に危機対応の次元で実施された。金融危機はＯＥＣＤ諸国のなかで最も早く克服したと評価されている。貿易規模も増加し、世界で九番目に一兆ドルを達成し、平均経済成長率（三・一％）も他の先進国の平均（二・八％）より高かった。しかし大統領選挙で掲げた「七四七公約」（七％の経済成長・一人当たり国民所得四万ドル・世界七位の経済力）は達成できなかった。経済成長率も以前の盧武鉉政権の時期（四・三％）より低かった。

成長優先政策が富の分配を是正するほどの成果はなかった。それだけ経済的な不平等は深化した。労使関係においては非正規労働者の割合が増えた。また市場原理に基づいた企業規制緩和が大企業および財閥企業を中心に行われ、財閥企業の系列社が約四〇〇社も増加した。その結果、李明博政権の末期には「経済的民主化」、すなわち経済的格差の解消問題がもっとも大きな社会的な争点となった。

経済的な不平等が拡大した反面、政治的自由は全体的に縮小した。特に言論の自由の水準は大きく低下した。アメリカのＮＧＯ人権団体の「フリーダムハウス」は、二〇一一年に韓国の言論の自由度指数を世界七〇位と発表し、「部分的自由国」と指定した（盧武鉉政権の時は一六位であった）。

社会的対立もより深まった。前述の一方的な国策事業の施行問題のほかに、前政権に対する検察捜査が政治勢力間の対立を強めた。特に政権交代の一年後に盧武鉉前大統領に対し過渡な検察公開召喚捜査を強行し、これに対する抗議として盧武鉉前大統領が自殺したことは、保守陣営と進歩陣営の敵対的対立をもたらし、白黒の二分法的政治文化を強めた。逆に社会統合の問題はますます韓国政治の重要な課題となった。

国際関係においてＧ20サミット、核セキュリティ・サミットを成功裏に開催したことは韓国の国際的な地位を高めたと評価される。しかし南北関係は一〇年間の進歩政権の時期はもちろん、それ以前の保守政権の時期よりも悪化した。結果的に李明博政権の圧迫政策は非核化をはじめ、北朝鮮問題の解決に有効な突破口を開くことができなかった。このような李明博政権の対北朝鮮政策への評価は、進歩勢力だけでなく、保守勢力内部でも共有され、対話と交流中心の包容政策だけでなく、制裁中心の圧迫政策の限界をも克服できる対北朝鮮政策を模索する必要性が新たに提起された。

11 大統領弾劾と朴槿恵政権（二〇一三～二〇一七年）

1 朴槿恵政権成立の背景

朴槿恵《パクグンヘ》大統領は、二〇一二年一二月に行われた第一八代大統領選挙で、進歩系の民主統合党の文在寅《ムンジェイン》候補を僅差で退け当選した。この選挙で保守政党の朴槿恵が勝利した主な要因としては、李明博政権との差別化戦略と、朴槿恵の個人的なカリスマ性を挙げることができる。

李明博政権が、一方的な国政運営、経済政策の成果不振などで国民の支持を失ったのに対し、朴槿恵は差別化したイメージを作り出すことに成功した。例えば、行政首都の移転問題で政府の主張を批判し、「与党内の野党」と評価された。また、経済的民主化および北朝鮮問題において独自の改革政策を打ち出し、「合理的保守」のイメージを形成した。二〇一二年二月には与党のハンナラ党の名称をセヌリ党（「新しい世の中」という意味）に変え、同年四月に行われた国会議員選挙を勝利に導き、八カ月後の大統領選挙で当選を果たした。

朴槿恵が朴正熙の娘であるということも大きな影響を及ぼした。独裁者の娘であるとの批判もあったが、それ以上に、朴正熙時代の高度経済成長へのノスタルジアと期待が大きく働いた。こうした傾向は特に五〇歳台以上の有権者に強く表れた。五〇歳台の投票者の六二・五％、六〇歳台以上の七二・三％が朴槿恵を支持した。また、史上初めての女性大統領への期待、清廉さなど、人物そのものに対する評価が支持の主な理由となった。

大統領選挙の直後に行われた様々な世論調査では、朴槿恵政権が行うべき最優先課題について、四〇歳台以上は経済成長を、二〇歳台と三〇歳台は雇用問題の改善と経済的民主化を指摘している。重きの違いはあるにしても、すべての世代が共に経済問題の解決を求めている。朴槿恵政権は、何よりも経済的成果に対する国民の要求と期待により成立したのである。

2　朴槿恵政権の政治

二〇一三年二月に発足した朴槿恵政権は、国政の基調として「経済復興」、「国民幸福」、「文化隆盛」、「平和統一基盤構築」の四つを提示し、これらを推進する基盤として「信頼される政府」を強調した。実際に行われた主要政策を、経済、政治、外交および南北関係の分野に分けると、次のようである。

第一に、経済分野では、政権発足初期に経済民主化のための政策を実行した。例えば、下請け業者を保護するための損害補償制度の拡大、財閥企業の不当内部取引に対する制裁強化、フランチャイズ加盟店の保護のための法律改正などである。

しかし、政権発足の一年後からは、経済民主化の代わりに核心的な経済目標として「創造経済」を強調した。創造経済とは、先端科学技術やＩＴを従来の産業と融合することによって産業構造を高度化すること、そのためにベンチャー企業を積極的に支援することなどを主な内容とするものであった。また「経済革新三カ年計画」を発表し、目標として「四七四ビジョン」を宣言した。潜在成長率四％、雇用率七〇％、一人あたり国民所得四万ドルを実現するとのことであった。

政権中期の二〇一五年以後は、労働・公共・教育・金融部門における四大構造改革が試みられたが、一部の公共改革を除き、市民社会および野党の反対で法案成立までには至らなかった。また、造船・海運・鉄鋼・石油化学分野の経営悪化企業に対する構造調整を試みたが、大きな成果は得られなかった。

第二に、政治分野において朴槿恵政権は、国政基調の一つである「国民幸福」を達成するための条件として「国民を中心に置く統合型・疎通型政府運営」を強調した。しかし、実際は権威主義的で一方的に国政が運営され、大統領は政治指導者というより非民主的な統治者と批判された。

もっとも大きな問題として意思疎通の欠如が指摘された。与党と内閣の自律性は尊重されず、大統領の指示を遂行することが要求された。野党と国会、市民社会の様々な意見は軽視された。言論機関との意思疎通もほとんど行われず、代表的な保守系大手新聞社である朝鮮日報・中央日報・東亜日報さえ大統領に批判的な立場となった。

独断的な政策決定の代表的な事例として、二〇一五年に発表した中学・高校の歴史（韓国史）教科書の国定化方針がある。市民社会や野党が国家権力による画一的な歴史観の強制と批判し、半分以上の国民が反対したにもかかわらず、大統領は歴史の正統性を確立し、社会統合に必要であるとの名分で一方的に強行した（この歴史教科書国定化方針は文在寅政権の発足直後に廃止された）。

非民主的な統治方式は、いわゆる「非線実勢」（「公的職責を持たない隠れた実力者」という意味）による国政壟断疑惑事件で明白に表れた。朴槿恵大統領は、古い知人である崔順実《チェスンシル》に依存し国家政策を決める一方、大統領の地位と権限を利用して崔順実の個人的な利益のために大企業に資金提供を要求した。この崔順実ゲート事件に対して、国民は全国で数百万人が参加したロウソク抗議集会を開き、二〇一六年一二月に国会は大統領弾劾訴追案を可決した。そして、二〇一七年三月に憲法裁判所が、大統領の公益実現義務違反、企業の自由と財産権侵害、公務員の職務上の秘密厳守義務違反などで弾劾を決定、宣告し、これにより大統領は韓国の憲政史上初めて罷免された。この過程で、進歩系の野党や市民社会はもちろん、保守的な与党と言論界も大統領弾劾に賛同し協力した。

第三に、外交および対北朝鮮政策においては国政基調として「平和統一の基盤構築」を提示した。外交政策で注目すべきは、二〇一〇年前後から独自に「中堅国外交」（middle power diplomacy）を展開したことである。その成果として、二〇一三年に韓国の主導的な役割でＭＩＫＴＡ（メキシコ、インドネシア、韓国、トルコ、オーストラリアの五カ国協議体）を設立した。ここでは主に環境保護と開発協力、テロリズム、経済通商など、グローバルな課題を協議し共同対応を模索した。

対北朝鮮政策の指針としては「韓半島信頼プロセス」を提示した。これは、既存の対話交流中心の包容政策と原則中心の強硬政策が、共に北朝鮮の非核化と変化誘導に失敗したと捉え、戦略的に既存政策の限界と長所を統合し推進しようとするものであった。つまり、北朝鮮の挑発には強く対応する一方、南北間の信頼の漸進的な強化のために、人道支援と社会文化交流、経済協力を活性化し、さらに非核化に成果がある場合、国際社会とともに北朝鮮の発展を支援するというものである。

しかし、この政策も北朝鮮の変化を前提としており、北朝鮮の決断なしには進められないものであった。実際に南北関係は、形式的な高位級会談と離散家族再会が行われたが、それ以上の進展はなかった。むしろ北朝鮮の度重なる核実験とミサイル発射に対し、国連をはじめとした国際社会の制裁とともに、韓国の対応もますます強化され、二〇一六年二月には南北交流の最後の砦と見做された開城工業団地の稼働を全面的に中断し、韓国企業が引き揚げるに至った。

3 朴槿恵政権の評価

朴槿恵政権は、大統領の職務が国会での弾劾訴追可決とともに停止したので、実際は三年一〇カ月で終わった。この期間の国政運営に対する国民の評価は、政権末期の二〇一六年四月に行われた第二〇代国会議員選挙の結果が明白に示している。選挙で与党のセヌリ党は惨敗し、第一党の座を野党の「共に民主党」に引き渡した。選挙の主な争点は、経済政策の成果と大統領の国政運営方式であった。

経済問題において、朴槿恵政権時期の平均GDP成長率は二・九％であったが、盧武鉉政権の四・五％はもちろん、グローバル金融危機下にあった李明博政権の三・二％よりも低かった。雇用の創出や非正規職の削減、経済的民主化による格差や不公正の解消、社会福祉拡充などの課題においても政策はむしろ後退した。また、大統領の権威主義的な統治スタイルに対する否定的な評価が多かった。国会議員選挙直後の世論調査によると、多くの国民が大統領の国政運営の特徴として意思疎通能力の欠如と独断的な政策決定を指摘している。

さらに崔順実ゲート事件は、大統領個人の能力に対する失望に加え、政権の道徳性と正当性に大きな打撃を与えた。この時期において大統領の国政に対する支持率は四・〇％であり、韓国の歴代大統領に対する支持率のなかで最も低かった。結局、大統領は憲法上の手続きにより弾劾、罷免された。これは韓国の憲政史において汚点であるが、逆説的に韓国の手続き的民主主義の健全さを示すものでもある。

外交政策において、自ら中堅国との認識に基づいて独自の外交を展開したことは、韓国の国力と国際的位相にふさわしい、適切で責任ある取り組みと評価される。南北関係は、開城工業団地の閉鎖が象徴的に示すように、李明博政権の時期以上に悪化した。結果的に、対話と圧迫の並行による南北間の信頼醸成という政策も、非核化をはじめ、北朝鮮問題の解決に有効な環境を造成することができなかった。対北朝鮮政策の難しさが改めて浮き彫りになったといえる。

12 進歩政権の再登場と文在寅政権（二〇一七年〜）

1 文在寅政権の成立過程

文在寅大統領は、二〇一七年五月に行われた第一九代大統領選挙で自由韓国党（セヌリ党を改称した保守政党）の洪準杓《ホンジュンピョ》候補を大差で退け当選した。盧武鉉政権以来、九年三カ月ぶりの進歩政党への政権交代であった。文在寅が勝利した主な要因としては、次の二つが考えられる。

一つは、短期的な要因として、崔順実の国政壟断事件、大統領の弾劾と罷免、拘束の過程で保守政党に対する強い不信感と拒否感が形成されたことである。選挙では中道派だけでなく、伝統的な保守支持層の多くが離脱し、「共に民主党」（民主統合党を継ぐ新政治民主連合を改称した進歩政党）の文在寅候補を支持した。

もう一つは、構造的な要因として、二〇歳台と三〇歳台の若年層が積極的に選挙に参加し、文在寅候補に投票したことである（二〇歳台の投票率は前大統領選挙での六九％から七六％へ、三〇代は七〇％から七四％へと増加した）。若者の積極的な政治参加は、何よりも失業や非正規職の拡大など、雇用問題の悪化と深く関わっていた。例えば、二〇一六年の場合、全体失業率は三・七％だが、一五〜二九歳の失業率は九・八％であった。現実に対する不満と批判意識が政治への関心を持たせたのである。

文在寅は、大統領選挙の公約として雇用問題の解決を最優先課題に掲げた。公共部門における八一万人の正規雇用の創出、民間部門における非正規雇用の正規職への転換、最低賃金の引き上げなどである。また、財閥改革、経済的格差と両極化の改善などの経済民主化政策を提示した。さらに国民との積極的なコミュニケーションに基づいた透明で民主的な国政運営を強調した。より進歩的な経済改革および政治運営への国民の要望と期待が文在寅政権の成立を可能にしたのである。

2 文在寅政権の政策と課題

文在寅政権は二〇一七年五月に発足した。前大統領の弾劾により急遽前倒しで行われた大統領選挙で成立したため、前任者からの正常な引継ぎがないなかで国政運営に入ったが、速やかに政治的な安定を取り戻した。

同年七月には「文在寅政府五年の一〇〇大課題」を発表した。ここでは、国政の目標として「国民主権」「経済民主主義」「福祉国家」「均衡発展」「韓半島平和繁栄」の五つを掲げ、それを達成するための二〇大戦略と一〇〇大課題を提示した。実際に行われている主な政策を、経済、政治、外交および南北関係の三つの分野に分けると、次のとおりである。

第一に、経済分野では、新たに経済政策の目標として「ひと中心の持続成長経済」を提示した。ここで、経済成長は「所得主導」と「革新経済」を中心に、経済民主化は「雇用中心」と「公正経済」を軸に進められると強調した。まず、所得主導型成長は、家計の実質可処分所得を増やすことにより経済成長を導くことである。主な政策として、最低賃金の引き上げを実施し、二〇一八年には七五三〇ウォン（前年より一六・四％増加）、二〇一九年には八三五〇ウォン、二〇二〇年には八三九〇ウォンとなった。革新経済による成長は、ＩｏＴ（Internet of Things、モノのインターネット）やＡＩ（artificial intelligence、人口知能）など、第四次産業革命に対応する形で経済成長を成し遂げようとするもので、政府組織に「中小ベンチャー企業部」を新設し、支援基金の設立、税制上の優待措置などを施行している。

また、雇用の量的拡充と質的向上のための政策を行った。公共部門では公務員の採用を増やし、二〇一八年に二万五〇〇〇人、二〇一九年に三万三〇〇〇人の増員を終え、二〇二〇年に新たに三万一〇〇〇人を採用する計画である。民間部門では非正規雇用の正規雇用への転換、非正規職への差別の改善、賃金引き上げを実施する企業への支援策などを施行した。二〇一八年七月には勤労基準法を改正し、法定労働時間を週五二時間（所定労働時間四〇時間と延長労働時間一二時間）に短縮した。公正経済のための政策としては、過度な経済力集中の緩和、中小企業や下請け、フランチャイズ加盟店の制度的な保護、財閥企業の循環出資の縮小、グループ内部の金融会社による支配力強化の防止などが行われた。

文在寅政権の経済政策は何より雇用、分配、公正を重視するもので、青年失業や経済的格差の解消という時代的な要求に対応しようというものである。しかし、最低賃金の急激な引き上げは、特に中小企業の経営負担を増やし、逆に雇用の量的減少や質的低下をもたらすことにもなる。また、政府主導の雇用創出や分配、福祉政策に必要な財源をどのように調達するかも解決すべき課題である。

第二に、国内政治分野では、国政の目標として「国民主権」を提示した。それを達成するために、一五項目の改革課題を強調しているが、その中でも積極的に進めているのは、「積弊の清算」「国民との疎通」「権力機関の民主的改革」である。

まず、「積弊」とは過去の政権で行われた不正腐敗を指すが、事実上、九年間の保守政権が主な対象となった。朴槿恵政権の場合は、崔順実の国政壟断事件に加え、文化人に対するブラックリストの作成、政府高官の賄賂事件などが、李明博政権の場合は、大統領個人の不正、国家情報院のインターネット世論操作事件などが捜査と裁判の対象となった。

国民との直接のコミュニケーションは、様々なスタイルで進められた。大統領の主な日程が公開され、形式にとらわれない自由な言論インタビューや市民との対話が行われた。また、国民世論が直接的に伝わるように、青瓦台（大統領府）のホームページに国民請願サイトが設けられた。

権力機関に対する改革は、特に検察を対象にしている。その主な内容は、検察に集中している権力を統制し、さらに分散することである。検察権力に対する外部的統制のために、二〇一九年一二月に「高位公職者犯罪捜査処」（略して公捜処）の設置が法制化された。権力の分散のためには、検察の捜査権を警察に移譲し、起訴権だけを担当するという、検警捜査権調整法案（刑事訴訟法および検察庁法の改正案）が二〇二〇年一月に国会を通過した。

政治分野の改革政策は、国民世論により肯定的に評価されている。その結果、二〇一八年六月に行われた地方自治体選挙で、与党は圧勝することができた。さらに、二〇二〇年四月に実施された第二一代国会議員選挙では、民主化以降初めて、単独で議員定数（三〇〇）の五分の三（一八〇）議席を確保するという記録的な勝利を収めた。しかし一方で、今後解決すべき課題もある。例えば、過去の政権に対する積弊清算が公正さを保つためには、現政権の道徳性が確保されるべきであり、不正腐敗の再発を持続的に防ぐためには、人的清算以上に制度的改善策が必要となる。国民との意思疎通、世論の収斂と伝達も直接民主主義以上に、政党のような制度が重視されるべきである。また、保守政権と同様、青瓦台中心の国政運営が行われているが、内閣と行政府、与野党と国会との意思疎通と協力がより強化されるべきであろう。

第三に、外交および南北関係の分野では、国政の目標として「平和と繁栄の韓半島」を提示した。平和とは、南北の平和共存を意味する。この場合、特に北朝鮮の核開発に対しては、その第一目的が体制維持にあると捉え、北朝鮮の安全保障と非核化、南北関係の改善と非核化を並行して進めようとした。そして、繁栄とは南北の共同繁栄を意味する。南北を「三大経済ベルト」、つまり①東側の海岸地域でのエネルギー・資源ベルト、②西側の海岸地域での交通・物流・産業ベルト、③休戦ライン地帯（DMZ）での環境・観光ベルトでそれぞれ繋ぎ、経済共同体の基盤を作るという構想である。こうした政策は、歴代の進歩政権、すなわち金大中政権と盧武鉉政権の包容政策を継承したものである。

文在寅政権は、南北の平和と繁栄という外交目標を実現する方法として、北朝鮮との対話とアメリカとの協調という二つの軸を最も重要視している。南北対話と交流を進めるうえで、同盟国であるアメリカの了解と支援が不可欠であると現実的に捉え、トランプ行政府との緊密なコミュニケーションを積極的に行っている。さらに、米朝対話の仲裁など、朝鮮半島の平和体制を構築するための主導的な役割を強調している。

実際に、南北および米朝関係は、北朝鮮が二〇一八年二月に開かれた平昌《ピョンチャン》冬季オリンピックに参加し、南北対話と交流の突破口ができたことにより、劇的に変わった。同年四月と五月そして九月に相次いで南北首脳会談が開かれ、四月には「板門店共同宣言」、九月には「平壌共同宣言」が発表された。また、同年六月には史上初めての米朝首脳会談がシンガポールで開催され、共同声明が発表された。しかし、二〇一九年二月にベトナムのハノイで開かれた第二次米朝首脳会談は、北朝鮮の非核化プロセスと制裁解除をめぐる立場の対立で決裂した。それ以降、韓国の仲裁役に対する北朝鮮の不信感が高まり、南北関係も停滞している。非核化をめぐる米朝対立を調整し、北朝鮮との交流協力を再開することが、文在寅政権外交の当面する課題となっている。

第2章 韓国の政治制度と司法制度

1 憲　法

1　憲法の制定と改正

韓国の憲法は、一九四八年七月一七日に制定され、その後、激しい政治変動のなかで九回も改正され現在に至っている。現行憲法は、一九八七年六月二九日に出された「民主化宣言」の結果、同年一〇月二九日改正され、一九八八年二月二五日から施行されている。

韓国では、約四〇年のあいだ九回も憲法が改正された。この事実は、韓国政治がいかに激動の時代を辿ってきたかを物語っている。

韓国で改憲が頻繁に行われたのは、先進国で見られるような時代状況に応じた憲法の補完や整備が目的ではなく、権力者がその権力を延長あるいは維持するため、また、改正された憲法を元に戻すためであった。改憲の主な内容は、政治体制や大統領の選出方法と任期など国家権力構造の変更に集中していた。例えば、政治体制は、大統領中心制から議院内閣制へ変更されたが再び大統領中心制に戻された。大統領の選出方法をめぐっては、間接選挙制から直接選挙制へ、それがまた間接選挙制へ変更された後、さらに直接選挙制へ変わったのである。大統領の任期に関しても四年二期制から七年単任制へ、また、それが五年単任制へと改正され、一九八七年の「民主化宣言」による改正以降ようやく定着するようになった。

こうした憲法改正、特に最高権力者の権力の延長や強化のために行われた改憲には国民の反対も根強かった。なかでも、国会の機能を無力化して永久執政を図った一九七二年の第七次改正（いわゆる維新憲法）や、選挙員団による大統領選挙を規定した一九八〇年の第八次改正の際には、大学生や知識人を中心に国民の猛烈な反対運動が展開された。このように執政者に悪用された憲法に対する反対運動は、次第に反政府民主化運動へと発展した。そして一九八七年六月、「民主化宣言」が出され、民主化勢力の要求が反映された現行の憲法体系が定着するようになったのである。

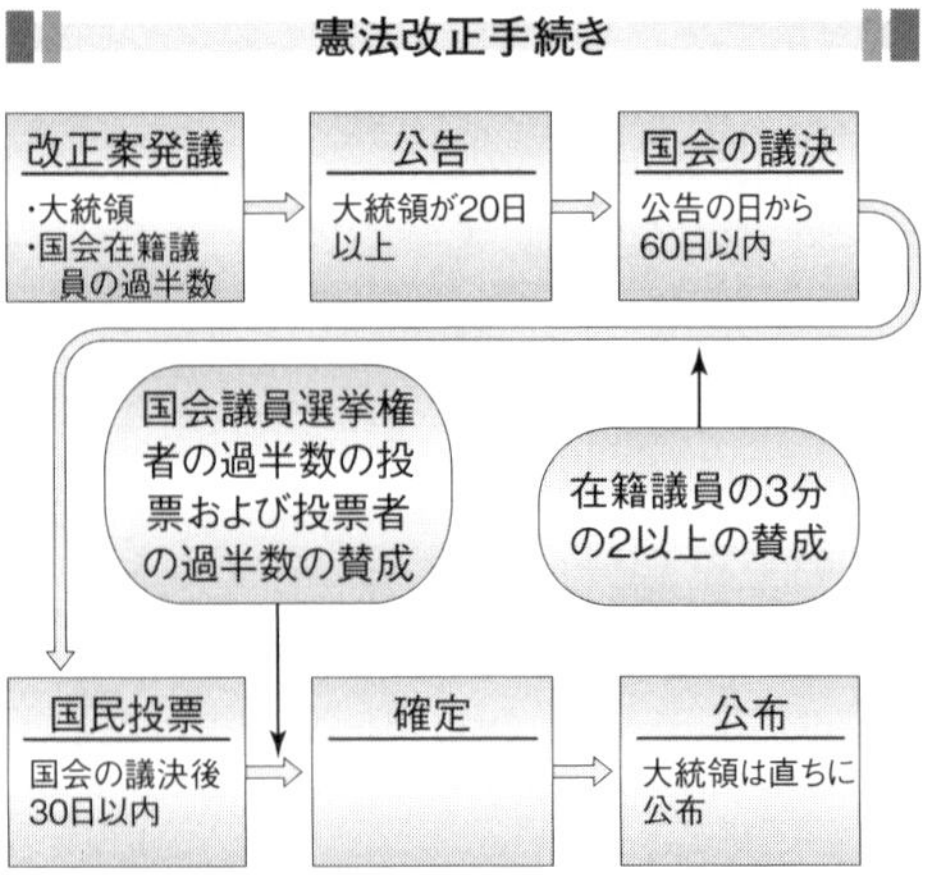

（出所）　憲法第128条～130条および国民投票法を参照して作成。

2　憲法の構成と基本原理

1　構　成

一九八八年二月二五日から施行されている現行憲法は、前文および一〇章と六つの附則で構成されている。一〇章は、総綱、国民の権利と義務、国会、政府、法院（裁判所）、憲法裁判所、選挙管理、地方自治、経済、憲法改正に分かれている。

2　基本原理

国民主権原理――「主権は国民にある」と規定し、「あらゆる権力は国民から生じる」としている。

三権分立原理――行政権は大統領と行政府に任され、立法権は国会に任され、司法権は一般裁判所と憲法裁判所に任されている。

平和と国際協調原理――「大韓民国は国際平和維持のため努め、侵略的戦争を否認する」と規定して、平和主義と国際協調主義を明らかにしている。

基本的人権保障原理――「すべての国民は人間としての尊厳と価値を有し、幸福を追求する権利を有する。国家は個人の有する不可侵の基本的人権を確認し、これを保障する義務を負う」と明記して、明確に不可侵の基本的人権の存在を規定している。

資本主義市場経済原理と社会福祉原理――「大韓民国の経済秩序は、個人と企業の経済上の自由と創意を尊重することを基本とする」として、韓国の経済制度は、資本主義に基づく自由市場経済で

憲法改正略史

回数	改正年月	契機と目的	主要内容
第1次改正	1952.7	李承晩の再執政	大統領間選制を直選制へ
第2次改正	1954.11	李承晩の3選	大統領重任制限撤廃
第3次改正	1960.6	4.19学生革命	大統領中心制を議員内閣制へ
第4次改正	1960.11	世論の要求	不正選挙・反民主・不正蓄財者処罰
第5次改正	1962.12	5.16軍事クーデター	議員内閣制を大統領中心制へ
第6次改正	1969.10	朴正熙の3選	大統領3選許容
第7次改正	1972.11	朴正熙の終身執政	大統領直選制を間選制へ
第8次改正	1980.10	新軍部の登場	大統領の任期を7年単任制へ
第9次改正	1987.10	民主化宣言	大統領間選制を直選制へ，国会権限強化

あることを明らかにしながら、「国家は均衡ある国民経済の成長および安定と適切な所得の分配を維持し、市場の支配と経済力の濫用を防止するとともに経済主体間の調和を通じた経済の民主化のため、経済に関する規制と調整を行うことができる」と規定して、国家が国民の福祉の実現のため、場合によっては経済活動を一部規制できるようにしている。

平和的な南北統一原理――「大韓民国は統一を志向し、自由民主主義的基本秩序に立脚した平和的統一政策を樹立し、これを推進する」と規定して、平和で民主的な統一を志向していることを明記している。

3 韓国憲法の特徴

上海臨時政府憲法の継承――上海臨時政府憲法の継承を明記して、韓国政府が朝鮮半島における唯一の正統な合法政府であることを強調している。そのため、北朝鮮を含む朝鮮半島の全領域を韓国の領土と規定している。しかし一九九一年、韓国と北朝鮮が両国の同意下で国連に加盟したので、韓国の憲法規定と現実は矛盾している。

強力な大統領権限――大統領には緊急命令権・緊急財政命令権（自然災害や戦争に対処するための大統領の命令）・法律案拒否権・戒厳令発布権などが認められており（ただし遅滞なく国会の承認を必要とする）、権限が強力である。これは南北分断体制下で、非常時に迅速な対応をとるために設けられた規定である。

福祉主義憲法――韓国憲法は、生存権的な基本的人権を広範にわたって保障し、国家権力による社

韓国の三権分立制度

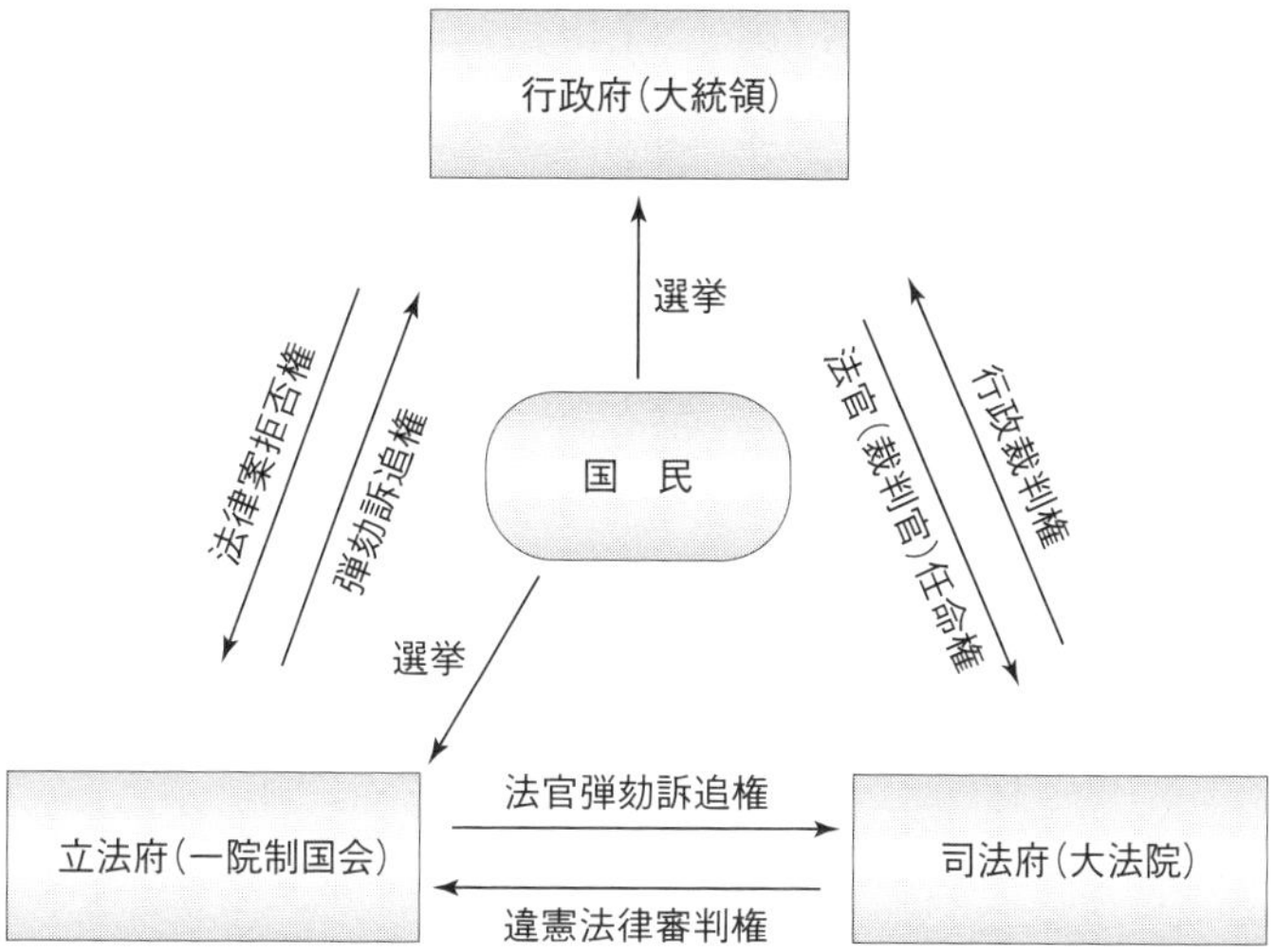

会保障・社会福祉の増進を図っている点から、また経済に関する規制や調整を規定している点から福祉主義憲法である。

詳細な基本的人権保障規定――過去、独裁政権により基本的人権保障規定に関する解釈の濫用がなされ、人権侵害が頻繁に行われたことから基本的人権保障に関する内容を詳細に規定して、恣意的な憲法解釈ができないようにしている。

基本的人権制限条項の存在――国民の基本的人権は、絶対的なものではなく国家安全保障および秩序維持と公共福利のために必要とされる場合には法律で制限できるようになっている。さらに、非常戒厳令が敷かれたときや国家緊急時には、法律ではない大統領の緊急命令などで基本的人権を例外的に制限できるようになっている。これは南北対峙下での朝鮮半島の実情が反映された結果である。

憲法改正効力の限定的不遡及規定――憲法改正

に関して「大統領の任期延長または重任変更のための憲法改正は、その憲法改正提案当時の大統領に対してでは効力を有しない」という憲法改正効力の限定的不遡及規定が定められている。これは過去大統領が自分の政権延長のため頻繁に憲法を改正したことからそれを防止するための処置である。

憲法改正は、国会在籍議員の過半数あるいは大統領の発議により提案され、国会在籍議員三分の二以上の賛成を得た後、国民投票にかけられ、国会議員選挙権者過半数の投票と投票者の過半数の賛成で決まる。

2 国会

1 国会の変遷過程

韓国で最初に国会が構成されたのは、一九四八年五月三一日のことであった。議員定数二〇〇人の一院制から始まった国会は、憲法制定、大統領の選出など国家の基礎を固めた。しかし、植民支配下の親日派の処罰や地方自治制度の導入問題をめぐって行政府と対立しているなかで、朝鮮戦争が勃発し、国会を中心として推進していた植民地清算などの戦後処理は中途半端に終わった。こうしたなかで、李承晩《イスンマン》初代大統領は、大統領選挙制度を間接選挙制から直接選挙制へ変えた後、一九五四年一一月には大統領の重任制限を撤廃する改憲を強行して独裁政治を行った。その結果、反李承晩勢力が民主党を結成して与党自由党と対立しながら李承晩政権を牽制した。しかし、改憲以後、李承晩大統領は、次第に権力を大統領と行政府に集中させるとともに与党自由党を利用して国会を掌握し、野党を弾圧し独裁化を強めた。一九六〇年三月に行われた大統領選挙で、李承晩大統領の選挙不正が明るみに出たことをきっかけに大学生が主導する反政府運動（四・一九学生革命）が起こり、李承晩政権は崩壊した。

一九六〇年に成立した第二共和国では政治体制を大統領中心制から議院内閣制へ変えたため国会が中心となって国政をリードした。選挙で勝利した民主党政権は、国民の自由や権利を拡大するなど民主主義の実現に力を入れた。しかし、与党内部の新旧派の対立による国政の分裂が起こったことや、国民の政治意識が未成熟で社会的混乱が発生し、軍部の政治介入を招いた（五・一六軍事クーデター）ことにより、民主党政権は崩壊し、国会は解散させられた。

軍事クーデター勢力は、二年あまり軍政を敷いた後、議員内閣制を大統領中心制に変えるなどの改憲を行い、第三共和国を発足させた。第三共和国ではクーデターの中心人物であった朴正熙《パクチョンヒ》将軍が大統領に就任した。朴正熙大統領は、自ら結党した民主共和党を利用して次第に国会を支配し始め、国家近代化という口実で国会を無力化し、権力を大統領に集中させた。一九七一年七月の国会議員選挙で野党が躍進すると朴正熙大統領は翌年一〇月、戒厳令を布告して国会を解散した後、憲法を改正した。この改憲により大統領は緊急措置権を持つ超法規的な存在となり、国会議員の三分の一を指名する権限も持つようになったのみならず、大統領の国会解散権が認められ、国会の国政監査権は廃止された。これにより三権分立は空洞化し、国会は有名無実な存在となり、行政府の侍女に等しくなった。朴正熙の独裁体制は一九七〇年代後半以降、野党や学生・労働者の猛烈な反政府運動に直面するようになった。そして、内部分裂をきたすようになり、一九七九年一〇月、朴正熙大統領が側近に暗殺されたことで幕を閉じた。

独裁者の死により韓国で民主化の期待が膨らんでいたなか、混乱した政局を利用して軍人の全斗《チョンドゥ》煥《ファン》将軍が実権を握り、後に大統領になった。全斗煥政権は、基本的に朴正熙政権の後継体制であったため国会は依然として行政府に支配された。しかし、この頃から、野党が学生や在野勢力など反政府勢力と連携して憲法改正などを求める全国規模の民主化運動を展開した。こうした民主化運動により全斗煥政権は、改憲要求を受けざるをえなくなり、一九八七年六月「民主化宣言」が出され、これにより改憲が行われた。新憲法では、大統領の国会解散権が廃止されるとともに国会の国政監査権も回復し、国会の憲法上の地位はだいぶ回復した。しかし、大統領の緊急命令権と法律案拒否権は維持されたため、大統領の国会に対する影響力は依然として強かった。

「民主化宣言」以後、国会は、その権威と機能を高め、行政府を効果的に牽制するために国会法を改正するとともに、一九九〇年代になってからは国会の自立性を確保するための制度改善に努力した。にもかかわらず民主化運動を指導してきた金泳三《キムヨンサム》・金大中《キムデジュン》両政権下でも、国会が効果的に行政府を牽制したとはいい難い。その原因は、国会議員候補者の指名権が政党の代表（与党の場合は大統領）に与えられていたためであった。つまり、大統領が国会議員候補者の指名権を利用して与党の国会議員を支配し、これをもって国会を支配するという仕組みであった。

ところが、二〇〇四年三月、「与小野大」の国会で大統領を弾劾する事態が発生したことは、以前からの行政府による国会支配という構図が大きく変わったことを物語っている。また、二〇〇四年四月に行われた国会議員選挙からは党の代表が公認立候補者を指名する慣例を廃して、地域区（選挙区）

での党員予備選挙により立候補者が選出され、本選挙に出るようになった。これにより大統領や政党の代表が国会議員を支配するという従来の仕組みは終わり、国会と行政府の関係も新しい局面を迎えるようになった。

2 国会議員と権限

1 国会議員

韓国の国会は、第二共和国時代に二院制を採用したことを除くと一貫して一院制をとっている。任期四年の国会議員は、国民の普通・平等・直接・秘密選挙により選出される。定数は、二〇一二年から三〇〇で、被選挙権は二五歳以上の国民にある。

2 国会の権限

国会の権限には、立法権、予算審議権と決定権、条約締結と批准に対する同意権、宣戦布告・国軍の外国への派遣または外国軍の大韓民国領域内での駐留に対する同意権、国務委員（国務大臣）に対する国会出席要求権および質問権、憲法裁判所の裁判官の三分の一（三人）の選出権、中央選挙管理委員会委員の三分の一（三人）の選出権、大法官（最高裁判所裁判官）の任命同意権、監査院長任命同意権、弾劾訴追権（対象は、大統領、国務総理、国務委員、行政各部の長、憲法裁判所裁判官、大法官、中央選挙管理委員会委員長、監査院長など）、国政監査権（毎年一回、定期的に定期国会招集日の翌日より二〇日間国政全般にわたって行う監査）、国政調査権（特別な国政事案あるいは事件に対する調査）、国務総理任命同意権、国務委員解任建議権などがある。

国会の立法権を制限する規定として、大統領の大統領令制定権、国務総理の総理令制定権、行政各部の部署令（省令）の制定権がある。さらに、政府も法律案提出権を持っており、大統領の法律案拒否権と大統領の緊急命令権も国会の権限を制限する。

3 国会の構成

1 国会議長・副議長

国会議長は、立法府を代表する。国会議長は、議員によって選挙されるが、与党が推薦した議員が指名されるのが慣例化している。二人の副議長は、一人は与党から、一人は野党第一党から推薦された議員が就任するのが慣例である。

国会議長は、国会を代表する議院代表権、国会の合理的な運営のための議事整理権、国会事務に対する事務監督権、国会内での秩序維持権などを行使する。副議長は、議長に事故があったときに、また議長が欠けたときに議長の職務を代行したり、議長と本会議の進行を交代で務める。

2 委員会

委員会は、本会議の審議を能率的にするために少数の議員で組織される事前審議機関である。委員会には一定の所管事項を持って常設される常任委員会と、案件ごとに設置される特別委員会がある。二〇二〇年一月現在、一八の常任委員会と二つの特別委員会が設けられている。

常任委員会では、議案と請願を審議し、与野党の意見の相違を調整する最初のフォーラムとしての役割を担っている。

3 交渉団体

現行の国会法では、二〇人以上の議員を擁する政治集団は一つの交渉団体を構成し、国会における各党間の交渉を担当すると規定されている。他の交渉団体に属していない二〇人以上の議員で別の交渉団体を構成することもできる。各交渉団体は、他の団体との交渉を責任を持って担当する院内総務を置く。院内総務は、国会の議事日程、総会と常任委員会で審議する案件について議論する。

4 国会の会議と立法過程

1 国会の会議

国会の種類には定期国会（通常国会）と臨時国会があり、定期国会は、毎年九月一〇日に始まり会期は一〇〇日である。定期国会は、国会の全議員が参加する会議で、議長が主宰する本会議場で開かれる。本会議は、在籍議員の四分の一以上の出席により開かれる。法律案など一般案件に対する議決定足数（議決するのに必要な出席議員数）は在籍議員の過半数であり、出席議員の過半数の賛成で決し、可否同数のときは否決されたものとみなされる。本会議は国家安全保障上の特別な理由がない限り公開を原則とする。

臨時国会は、大統領あるいは国会在籍議員の四分の一以上の要求により開催され、会期は三〇日を超過してはならない。

2 立法過程

通常の立法過程は次のとおりである。

政府あるいは二〇人以上の国会議員によって発議・提出された法律案は、まず国会議長を通じて所管常任委員会に付託され、所管常任委員会で質疑・討論・審査した後に表決される。表決された法律案は、法制司法委員会に付託されて体系と字句の審査を受けた後、本会議に上程される。本会議では所管常任委員会の審査報告を受けた後、質疑と討論を経て表決する。国会を通過した法律案は、政府に移され、大統領は国務会議の審議を経てこれに署名し、法律が成立する。成立した法律は一五日以内に大統領が公布しなければならない。

もし大統領が法律案に異議を提起する場合は、政府に移送された日から一五日以内に異議書を付して国会に送り、再議を要求することができる（大統領の法律案拒否権）。国会の再議で在籍議員過半数の出席と出席議員三分の二以上の賛成で表決されると、この法律案は、法律として確定される。

提出された法律案の可決率は、提出者によって大きな差がある。一九九〇年代半ばまでの政府提出法律案が七二％可決されたのに比べ、同時期までの議員提出法律案は四八％しか可決されなかった。こうした傾向は二〇〇〇年代にも続き、例えば一九代国会（二〇一二年～二〇一六年）において政府提出法律案の可決率は三五％、議員提出法律案のそれは一四％であった。これは、立法過程での立法府に対する行政府の優越性をよく物語っている。

立法過程

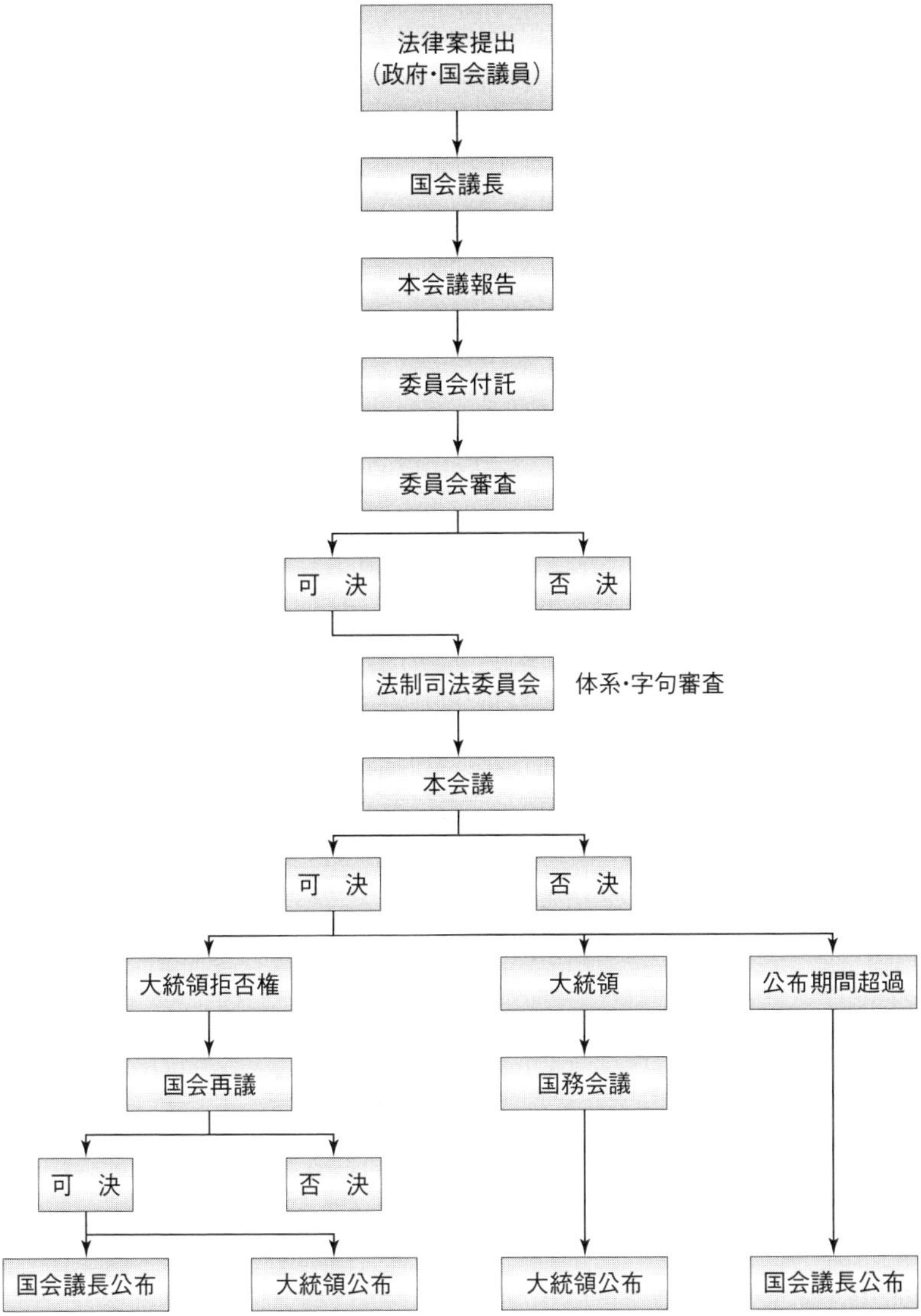
法律案提出
(政府・国会議員)
国会議長
本会議報告
委員会付託
委員会審査
可　決
否　決
法制司法委員会
体系・字句審査
本会議
可　決
否　決
大統領拒否権
大統領
公布期間超過
国会再議
国務会議
可　決
否　決
国会議長公布
大統領公布
大統領公布
国会議長公布

5　国会の問題点と改善方向

1　問題点

一九八七年の「民主化宣言」以後、国会の法的権限が強化され、制度的には本来の機能を取り戻したが、与党の一方的な独走と野党の極限的抵抗の体質から脱却できず、対話政治の制度化は、容易には進んでいない。そのため国会議員に対する国民のイメージも好意的ではない。

韓国国会の問題点としては、次のようなことが挙げられる。

一つ目は、自立性の欠如である。つまり、立法部に対する行政府の優位が依然として持続しているし、国会議員の独立性が大統領や政党の指導者により大きく制限されている。

二つ目は、民主性の欠如である。国会の運営が対話や妥協ではなく与党の単独表決や野党の極限闘争という非民主主義的な方法や形で行われている。

三つ目は、国会議員の専門性の欠如である。国会議員による法律案の可決率が、政府提出法律案に比べて著しく少ないのは、議員の専門性不足に起因する。

四つ目は、議員の道徳性や責任性の欠如である。政治資金の運用に透明性が確保されていないし、議員個人の財産形成にも不明な点が多い。さらに、議員が頻繁に所属政党を変えることや、選挙時に有権者に提示したマニフェストの不履行など、責任感の薄さも指摘されている。

2　改善方向

国会の制度や運営に関する問題点を改善するための議論は、以前からあったが、本格的に議論されることになったのは、一九九四年に「国会制度改善委員会」が構成されてからである。議会政治を活性化するための改善方向として提示されたのは、次のような点である。

一つ目は、通年国会の運営である。国会の通年化により十分な時間を持って法律案を検討し論議することができるし、運営日程を詳細化することにより効率的な国会運営ができる。

二つ目は、国会議長の中立性の確保である。議長が党籍を離れ、中立的な立場で国会を運営すれば、与野党の対立を和らげることができる。

三つ目は、予算決算特別委員会の常設化である。これは、この委員会の制限された期限での審議が国家の財政運営に対する十分な討議を妨げているからである。

四つ目は、常任委員会の議事日程を事前に決めることである。これにより国会議員や行政府は十分な準備をして常任委員会の活動に臨むことができる。

五つ目は常任委員会の活動を活性化することである。韓国の場合は事実上、常任委員会が立法機能を担っているので、その活動をより強化する必要がある。

六つ目は、公聴会（重要案件に関して専門家や利害関係者の意見を聴く会議）と聴聞会（国会の委員会が重要案件の審査のとき、必要により証人・参考人から証言や陳述を聴聞する会議）の活性化である。これは国民の世論を積極的に立法過程に反映するためである。

七つ目は、国会に対する監視機能の改善である。国会の道徳性や責任性を監視するには市民団体による監視のみでは不十分であり、独立機関を設けて国会に対する行政監察機能を強化する必要がある。

八つ目は、国会の立法支援組織の強化である。国会議員の非専門性を補い、合理的な政策代案を提示するための専門的知識を有した人材の補強が求められている。

国会の制度や運営に関する改善は、国会自体の努力はもちろん、国民の政治意識、政党制度や選挙制度、行政府の立法府に対する認識の転換など全般的な政治環境の変化によって初めて可能になるだろう。

3 大統領と行政府

1 大統領とその権限

1 大統領

韓国の権力構造は、大統領中心制である。国家元首である大統領は、国民の直接選挙によって選ばれる。大統領の任期は五年で、重任は認められていない。大統領の任期を単任制にしたのは、歴代の大統領が重任制を悪用して権力の延長や永久化を図ったからである。

韓国では一九六〇年に成立した第二共和国で議院内閣制が採択された約九カ月間を除き、建国以来今日まで大統領中心制をとっている。これは、韓国政治の家父長的な伝統や軍部権威主義政治文化の影響によるところもあるが、韓国と北朝鮮が敵対関係を維持している南北分断体制では強力なリーダーシップが必要なことも主な理由である。

韓国の大統領制は、純粋な大統領制ではなく議院内閣制の要素が加味された「変形大統領制」といえる。つまり、韓国では国会議員が国務委員（閣僚）を兼ねるなどいくつかの議院内閣制的な要素を取り入れて、国会による大統領や行政府への牽制を制度化している。これは、強力な大統領の権力を

大統領選挙制度の変遷過程

歴代	選挙年月	選挙方式	当選者	任期	共和国名
第１代	1948.7	国会での間接選挙	李承晩	４年	第１共和国
第２代	1952.8	直接選挙	李承晩	４年	
第３代	1956.5	直接選挙	李承晩	４年	
第４代	1960.3	直接選挙（無効）	李承晩		
	1960.8	国会での間接選挙	尹潽善	４年	第２共和国
第５代	1963.10	直接選挙	朴正熙	４年	第３共和国
第６代	1967.5	直接選挙	朴正熙	４年	
第７代	1971.4	直接選挙	朴正熙	４年	
第８代	1972.12	統一主体国民会議の間接選挙	朴正熙	６年	第４共和国
第９代	1978.7	統一主体国民会議の間接選挙	朴正熙	６年	
第10代	1979.12	統一主体国民会議の間接選挙	崔圭夏	６年	
第11代	1980.8	統一主体国民会議の間接選挙	全斗煥	６年	第５共和国
第12代	1981.2	選挙員団の間接選挙	全斗煥	７年	
第13代	1987.12	直接選挙	盧泰愚	５年	第６共和国
第14代	1992.12	直接選挙	金泳三	５年	
第15代	1997.12	直接選挙	金大中	５年	
第16代	2002.12	直接選挙	盧武鉉	５年	
第17代	2007.12	直接選挙	李明博	５年	
第18代	2012.12	直接選挙	朴槿恵	５年	
第19代	2017.5	直接選挙	文在寅	５年	

（出所）　中央選挙管理委員会（http://www.nec.go.kr/necls/index.html）。

牽制するための措置であったが、最近まで実効性はあまりなかった。しかし、国会により二〇〇四年に盧武鉉大統領、二〇一七年に朴槿恵大統領に対し弾劾訴追が行われたことからわかるように、これからは「変形大統領制」を取り入れた本来の趣旨が十分生かされる可能性も高くなった。

2　大統領の地位と権限

韓国の大統領は、強力な権限を持っている。まず、大統領は、国家元首として国家を代表し、外交権、条約の締結と批准権、宣戦布告権と講和権などを持つ。また、栄典授与権などの儀礼的権限以外に、憲法裁判所の所長と裁判官の任命権、大法院長と大法官の任命権などを有している。

次に、行政府首班としては、国務総理と国務委員の任命権、公務員任免権、監査院長と監査委員任命権、中央選挙管理委員の三分の一の任命権、国務会議や安全保障会議主宰権、臨時国会招集権、法律案拒否権、大統領令発布権、国軍統帥権などを有している。

さらに、国政の指導者として、国家の重要な政策（憲法改正など）を国民投票に付託する権限、緊急命令権、緊急財政・経済命令権、戒厳令発布権など強力な権限を持っている。

3　大統領直属機関

大統領秘書室——大統領の職務を補佐する機関であり、各分野の専門家が首席秘書官や秘書官に任命され、一種の小内閣の形をとって大統領を補佐している。権威主義政権下では大統領の強力な権力を背景に秘書室の権限が肥大化して、政府の政策決定過程に直接介入して内閣の当該部と衝突することもあり、首席秘書官の役割が行政部（内閣）の長官（日本の大臣）の役割を上回ることもあった。民主化以後秘書室の規模や権限を縮小するなど改善措置がとられた。李明博《イミョンバク》政権では大統領秘書室を大統領室に変え、規模もさらに縮小されたが、二〇一三年に朴槿恵政権の発足とともに再び大統領秘書室として再編された。

監査院——公権力の濫用と公務員の不正行為を防ぐために設置された国家機関で、中央および地方行政機関、政府投資機関（韓国電力公社・韓国石油公社・韓国水資源公社・大韓住宅公社など）、傘下機関に対する監査権を行使する。監査結果は、大統領だけでなく国会へも報告が義務付けられている。

監査院も権威主義政権下、政府首脳部により権力の維持・強化に利用されたが、現在はかなり改善されている。

国家情報院――国内外の重要な情報や国際的な犯罪活動に関する情報を収集して国の治安と安全を確保するための機関である。権威主義政権下では最高権力者がこの機関を私物化して政権に批判的な人や政敵、あるいは反政府民主化運動を弾圧した。そのため文民政権になってからは国家情報院による政治査察などが禁止され、その機能や権限も縮小された。

そのほか、大統領の直属機関として公務員の人事制度改革を担当している「中央人事委員会」、放送と通信の自由と公的責任を保障し均衡発展を総括する「放送通信委員会」、南北の平和統一案に対する諮問を行う「民主平和統一諮問会議」、中長期の政策諮問を行う「政策企画委員会」などが設けられている。

4　韓国大統領制の特徴

一つ目は、大統領に強力な権限が与えられていることである。大統領は国会に対しては大統領令制定権、予算案提出権、法律案拒否権、行政府に対しては公務員任命権、司法に対しては憲法裁判所所長と法官の任命権、大法院長と大法官任命権、軍に対しては国軍統帥権を持っている。そのほかにも法的効力を持つ緊急命令権および緊急財政・経済命令権、戒厳令発布権を持っている。緊急命令権および緊急財政・経済命令権は、国家非常事態において国会の招集が不可能か、招集の余裕がない場合発する命令である（ただし、遅滞なく国会の承認を必要とする）。戒厳令発布（非常戒厳と警備戒厳に分けられる）も国家非常時の措置であるが、非常戒厳令が発布されれば憲法の機能が一時停止され、軍事力による危機管理が行われるようになる。

二つ目は、大統領中心制に議院内閣制的要素を取り入れ、大統領に対する国会の牽制を認めている点である。議院内閣制の要素は、大統領が任命する国務総理に対する国会の同意権、国会の国務総理および国務委員に対する解任要求権（法的拘束力はないが、大統領に政治的負担を与える）、国会議員の国務委員兼職権、国会の大統領弾劾権、国務総理と国務委員の国会出席要求権および国務総理と国務委員の国会での答弁義務などがある。つまり、この制度をもって国会は大統領の責任を追及することができるようになっている。

三つ目は、大統領の任期が単任制であることである。これは大統領の長期執政意図を事前に遮断しようとする試みから導入された。

5　韓国大統領制の問題点と課題

現在の大統領中心制の権力構造は、七〇年あまりの韓国現代政治の過程における民主勢力と反民主勢力との闘争を通じて形成されてきたが、様々な問題点を抱えている。まず、一つ目は、権力があまりにも大統領に集中している点である。その結果、大統領は三権を超越した存在となり、三権分立という民主主義の基本原理が損なわれている。民主化以後、法律や制度の整備が行われ、立法府や司法府の独立性が高まったことも確かだが、まだ大統領の絶対的優位が維持されているのも事実である。これは、権力構造の基本枠組みが変わらないことや、民主化以降の諸政権がこの問題の解決に積極的

政府組織図

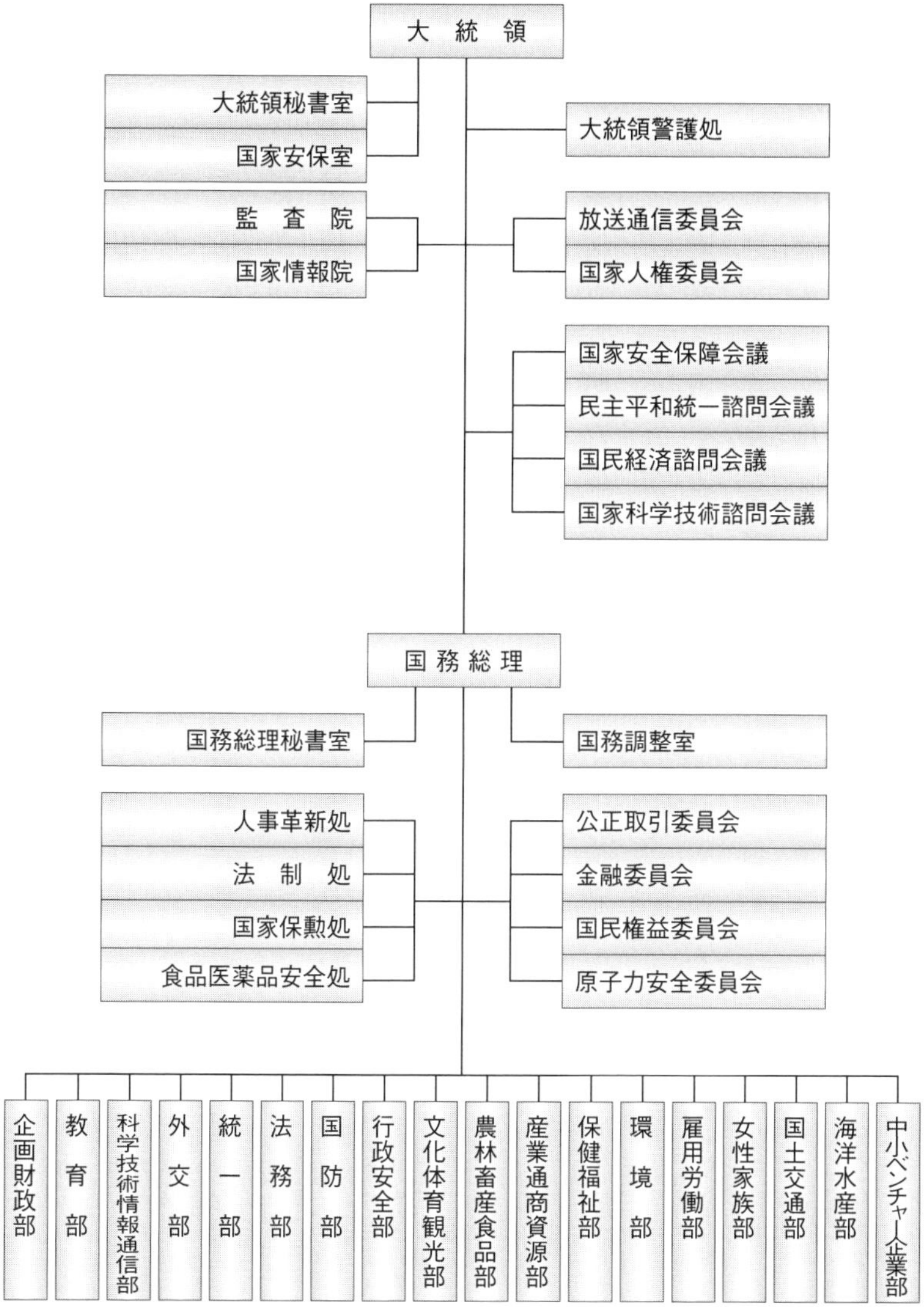
大統領
大統領秘書室
国家安保室
大統領警護処
監査院
国家情報院
放送通信委員会
国家人権委員会
国家安全保障会議
民主平和統一諮問会議
国民経済諮問会議
国家科学技術諮問会議
国務総理
国務総理秘書室
国務調整室
人事革新処
法制処
国家保勲処
食品医薬品安全処
公正取引委員会
金融委員会
国民権益委員会
原子力安全委員会
企画財政部
教育部
科学技術情報通信部
外交部
統一部
法務部
国防部
行政安全部
文化体育観光部
農林畜産食品部
産業通商資源部
保健福祉部
環境部
雇用労働部
女性家族部
国土交通部
海洋水産部
中小ベンチャー企業部

でなかったことなどによる。そのため権力構造を大統領中心制から議院内閣制へと変えるべきだとの議論も出ている。しかし、南北分断の状況下では大統領のリーダーシップが必要だとの観点から、世論は議院内閣制への改憲に積極的ではない。

三権分立や民主主義の実現などの政治発展は、制度をどうするかよりはその制度をどう運営するかが重要である。したがって、この問題の解決に当たっても、制度の改善とともに国民や政治家の意識改革が進まなければならない。

二つ目は、大統領任期の問題である。大統領任期の五年単任制は長期執政の防止というプラスの機能を果たしている反面、国政の継続性や責任性という面で重大な問題を生み出している。つまり、大統領は重任が認められていないから、政権後半期になれば権力の弱体化現象が起こり、大統領の国政に対する統率力が急激に落ちて国政の混乱を招く。さらに、長期的な国家発展計画を立てて推進することよりは、自分の任期中に実績を挙げるために短期政策に力を入れる傾向も現れている。これにより重要な国家政策が拙速主義に陥る可能性も出ている。こうしたことから、大統領の任期を四年二期制に変えるべきだとの主張が現実性を帯びている。

三つ目は、大統領直属機関の機能や役割の問題である。つまり、監査院や国家情報院の政治的中立問題、それに大統領秘書室の越権問題である。長いあいだこのような機関は、大統領の権力強化や政権延長に利用されたことから「民主化宣言」以後、政権ごとに改善措置がとられた。しかし、「民主化宣言」以後においても強力な権限を持つ大統領を中心として国政が運営されていることから大統領直属機関の政治的影響力も依然として残されている。監査院や国家情報院の政治的中立問題は、ある程度進展を見せているが、大統領秘書室の越権問題はまだまだその改善が求められている。

2 政　府

政府は、大統領を頂点とし国務総理、国務委員、行政各部からなる。行政各部は、大統領および国務総理の統率下にある執行機関である。

1 国務総理

国務総理は、議員内閣制が加味された大統領制における代表的存在である。国務総理は、国会の同意を得て大統領が任命し、国会は、大統領に国務総理の解任を建議することができる。国務総理の地位は、大統領を補佐して行政各部を統轄することである。副大統領制をとっていない韓国では、大統領が事故や死亡などにより職務を遂行できなくなった場合、国務総理が大統領の職務を代行する。さらに、国務総理は、大統領から委任された業務に関しては大統領を代行する権限を持っているほか、国務総理の名で命令を制定する権限も持っている。また、国務総理は、国務委員の任命（国務委員任用提請権〈指名して任命を請う権限〉）や解任に関して大統領に建議する権限も持っている。このように国務総理には法律上様々な権限が与えられているにもかかわらず、実際にはあまり権力を行使することのできない形式的な存在であるという指摘もある。つまり、大統領により任命されるため大統領の意思に反して独自の意見を国政に反映することはほとんどできないのである。さらに、政府の失政があった場合、大統領に代わって国務総理が責任をとって辞職することも多かった。最近、国務総理の地位や権限を強化させ、大統領は国政の基本方針や外交・安保に専念し、国務総理は国内問題を担当すべきだとの論議が出されている。

2 国務委員

国務委員は、国務総理の提請（指名して決定を請うこと）により大統領が任命する。国務委員は、行政各部を統括し、国政の重要な案件を審議する。大統領を代行して国会に出席し、国務委員として意見を述べることができる。国務委員は、部署令制定権、法律案提出権、行政監督権、行政処分権、人事権などを持っている。国務委員は、国会議員からも民間人からも任命されるが、韓国の場合は民間の専門家を国務委員に任命することも多い。その結果、国務委員が変わるたびに各部の政策や制度が変わることもあり、行政の混乱を招く場合もある。さらに、国務委員の任期が短いこともあって政策の一貫性を保つことが難しいという問題点も指摘されている。

3 国務会議

国務会議（大統領・国務総理・国務委員で構成）は、国政の最高審議機関である。議員内閣制下で国務会議は、議決機関であるが、大統領中心制下では審議機関にすぎない。そのため国務会議の審議結果が大統領を拘束することはない。つまり、国務会議の審議を経ない大統領の行為も効力発生には問題がないとされる。今まで韓国での国務会議は、案件に対する活発な議論を行うよりは、すでに大統領や与党によって決められた政策を追認する機能を果たすにすぎないことが多かった。これは、国政運営に各部の実務者や専門家の意見があまり反映されないまま大統領や与党の意思が一方的に押し付けられたからであって、その改善が求められていた。盧武鉉政権下では国務会議をより活性化させ、国政の審議という本来の目的を満たすための様々な改善策が試みられた。

4 政党

1 韓国の政党政治

政党とは、政治的立場を同じくする人々が国民的利益の増進を掲げ、合法的な方法（選挙）を通じて政権を獲得しようとする集団をいう。政党は、政権の担当、政策代案の提案、社会的葛藤の調整、世論の組織化、政治的社会化、政治エリートの充員などの機能を果たしている。

韓国における政党は、解放後、韓国社会を統合できる政治的主体勢力が存在しないなか、反日独立運動を展開していた指導者らが個人資格で設立した政治結社から始まった。その結果、韓国の政党は、政治イデオロギーや政策路線の違いよりは指導者中心の人脈・地縁などの縁故主義により結成された。そのため韓国の政党は、指導者の引退や死亡などによって解体され、新しい指導者を中心に新しい政党が誕生する過程を繰り返した。これは、党員が党よりは党の指導者に忠誠を誓う結果をもたらし、健全な政党の発展を妨げた。さらに、権威主義政権下では、権力の正当性に欠けていた独裁者がその権力の正当性を補うため政党（与党）を急造し、それに反対する野党に対して徹底的な弾圧を加えて、一党優位体制を維持した。このように韓国における政党は、権威主義政権の政治力を高めるための手段であって、政治権力の創出者ではなかった。

「民主化宣言」以後、韓国社会の政治的自由と多元化が進むなか、政党政治のあり方に対する批判が高まったことから法的・制度的改善が試みられたが、三金政治といわれた三人の政治指導者（金泳三・金大中・金鍾泌）を中心とする政党構図はしばらく続いた。そのため国民の政治や政治家に対する不満が高まり、国民の政治離れが進み、無党派層の増加現象も現れた。しかし、二〇〇四年の総選挙で三金政治は幕を閉じた（最後まで政界に残っていた自民連の金鍾泌代表が選挙で落選したことで三金は政界から姿を消した）。その後、彼らに代わる強力な政治指導者の不在により、韓国政党政治の姿も大きく変わった。

2 政党政治の法的根拠

1 政党活動の自由

韓国における政党活動の法的根拠は、憲法第八条に定められている。この規定は「政党の設立は自由で、複数政党制が保障される」としている。しかし、政党活動の自由がすべて保障されているわけではない。同条第二項には「政党はその目的・組織・活動が民主的であるべきであり、国民の政治的意思形成に必要な組織を構えなければならない」と規定している。さらに、第四項では「政党の目的や活動が民主的基本秩序に反する場合は、政府は憲法裁判所に提訴し、憲法裁判所の審判によって解散できる」とされている。これは、政党活動の民主的原則を明らかにするとともに国家の基本体制を否定して体制転覆を志向する急進政党の存在を認めない法的根拠を提供している。この規定により、実際に朴槿恵政府が「統合進歩党」に対し、二〇一三年に政党解散審判を請求、二〇一四年に憲法裁判所が解散を決定した。

2　政党の成立と解散

現行の政党法は、「政党は、五以上の市・道党を有しなければならない」と規定し、さらに「市・道党は一〇〇〇人以上の党員を有しなければならない」と定めており、政党の乱立による政治的混乱を最小化しようとしている。

次に解散要件としては、憲法の規定以外に、国会議員選挙で議席を獲得できなかった場合と、獲得投票数が有効投票総数の一〇〇分の二未満の場合は、選挙管理委員会がその政党の登録を取り消すと規定されている。また、政党が憲法裁判所の決定により解散されたとき、代替政党（解散された政党と同一・類似の綱領を持って設立される政党）の結成を禁止している。これは、群小政党の乱立を防止して政党に対する公的信頼感を高めるためである。

3　政治資金

韓国における金権政治に対する批判は、政党政治の始まりから今日に至るまで絶えず提起されている。本来政党の運営費は、党員が払う党費により賄われるべきであるが、韓国の場合は党費を払う党員はほとんどなく、むしろ政治家が有権者に金をばらまくのが慣例になっていた。そのため、政治資金の収入や使途の透明性をめぐる疑惑が後を絶たなかった。文民政権以後、政治資金の不透明性を正すため、公職者財産公開法、統合選挙法、政治資金法が制定あるいは改正された。また、こうした法律の実効性を高めるため金融実名制や不動産実名制なども取り入れた。

現行の政治資金法によると、合法的政治資金は、党費・後援金（後援会の会員が後援会に納入する金銭など）・寄託金（政治資金を政党に寄付しようとする個人・法人・団体が選挙管理委員会に寄託した金銭など）・国庫補助金・後援会（中央党・市道支部・個人）による集金などである。

国家は、政党活動を保護・育成するため政党に補助金を支給している。その規模は、国会議員選挙の有権者総数に、毎年の物価変動率を適用した単価を乗じた金額を基本としている。補助金は、各政党の議席数・得票率などの複雑な基準により配分されるが（国会議員選挙で有効投票総数の二％未満得票政党は除外）、与党に有利に配分されている。

一方、政治資金公開原則に基づいて中央党と地区党や後援会は、政治資金の収入と支出を会計帳簿に記録し、毎年選挙管理委員会に報告しなければならない。また、その内容を国民に公開しなければならない。

最近、政治資金法の厳格な適用、市民団体の監視、政経癒着の退潮、それに政治家自らの反省などによって政治資金の透明性が高くなっている。

3　政党の対立軸と社会的基盤

1　政党の対立軸

政党は、政治的理念や政策路線をともにする人々の組織であるから、政党間で政治的理念や追求する社会的価値が異なるのは当然のことである。しかし、韓国の場合は、国家建設過程で社会主義政治イデオロギーを排除したのみでなく北朝鮮との戦争により長いあいだ反共産主義が政治イデオロギーとして維持されたこともあり、左派的急進政党が芽生える余地は最初からなかった。その結果、韓国の政党は、政策路線にあまり差異がなく政策論争も行われなかった。それに加え、長いあいだ続いた権威主義政治により与野党は、民主か反民主かという体制論争を主な対立軸として競争し続けた。「民主化宣言」以後、政党の対立軸は「民主対反民主」から「保守対進歩」へと変わるチャンスを迎えたが、民主化運動勢力の分裂により地域主義が表面化して政党の対立軸を形成した。ところが、一九九〇年代後半から対北朝鮮政策（太陽政策）や対米政策（対米自主路線）、それに社会的資源の配分をめぐるイデオロギー論争が盛んになり、政党の対立軸は「保守対進歩」へと変わり始めた。さらに、二〇〇四年の国会議員選挙では、労働者党を標榜する民主労働党が一〇議席を獲得し、革新政党の国会進出が実現した。これにより韓国における政党間のイデオロギーと政策をめぐる論争は、ますます活発に展開されるようになった。

2　政党の社会的基盤

韓国はほぼ単一民族から構成され宗教的多元国家であるため、欧米のように言語・人種・宗教などの差異により政党の支持基盤が構築されることはなかった。一九六〇年代以後続けられた権威主義政権下で、農村では与党を、都市では野党を支持する傾向が明らかになり、農民層は政権党の強力な支持基盤となり、財閥企業や自営業者らとともに権威主義政権をバックアップした。一方、野党は、都市労働者・知識人・大学生を支持基盤としていたが、権威主義政権の弾圧により効果的に与党を牽制することができなかった。しかし、急速な都市化による農村地域の都市への編入、農村地域の教育水準の向上に伴い、都市・農村間の格差はなくなり権威主義政権の政治的基盤は弱体化していった。

「民主化宣言」以後、先鋭になった地域主義により政党の支持基盤は、嶺南《ヨンナム》地域（韓国の東南部、慶《キョン》尚南北《サンナムブク》道・釜山《プサン》）と湖南《ホナム》地域（韓国の西南部、全羅南《チョンラナム》道・全羅北《チョンラブク》道・光州《クァンジュ》）に明確に分かれた。保守与党の流れを受けついだ政党は嶺南地域を、進歩野党の流れを受けついだ政党は湖南地域を、それぞれ支持基盤として選挙戦を繰り広げ、地域主義をますます深化していった。

しかし、特に二〇〇三年に発足した盧武鉉政権がとった進歩政策（対北柔軟政策、対米自主路線）をめぐって政党の対立軸が保守と進歩に分化し、政党の支持基盤は、社会経済的格差や世代を基準として新しく形作られた。つまり、地域主義は依然として残存しながらも、中産階層以上の経済的上層部と五〇歳台以上の世代は、保守的政治イデオロギーを、経済的下層部と三〇歳台以下の世代は、進歩的政治イデオロギーを志向する傾向が現れた。ところがこうした傾向は、二〇〇七年に行われた大統領選挙で三〇歳台以下の若い世代が保守政党を支持することになり、世代を基準とした政党の対立軸も成り立たなくなった。これは経済の停滞により青年層の失業が拡大したことが主な要因であると思われるが、同時にこれは韓国政党の対立軸の流動化をよく物語っているのである。二〇一二年と二〇一七年に行われた大統領選挙では、再び三〇歳台以下の若い世代が進歩政党を支持している。

4　韓国における政党の特徴と問題点

韓国の政党は、社会的発展過程から自生的に芽生えたものではなく、その必要性により諸国の例にならって導入されたものであるが、その制度や運営において西欧の政党とは異なる特徴を持っている。ここでは韓国の政党の制度や運営面での特徴を述べ、それに伴う問題点を指摘してみる。

韓国の政党の特徴として、一つ目には、指導者中心の政党であることが挙げられる。これは建国当初、政党制度が導入されたときからの現象であるが、政党が政治指導者の個人的名声や権力を基盤として存在しているのである。その結果、政党は指導者の政治的運命とともに生成・消滅を繰り返したのである。政治指導者が変われば政党の党名が必ず変わってしまうことはこうしたことをよく物語っている。例えば、李承晩大統領の自由党、張勉《チャンミョン》総理の民主党、朴正煕大統領の共和党、全斗煥大統領の民正党、盧泰愚大統領の民自党、金泳三大統領の新韓国党、金大中大統領の新千年民主党、盧武鉉大統領のウリ党、朴槿恵大統領のセヌリ党、文在寅大統領の「共に民主党」などである。これにより政党は、民主主義を実現するための制度的装置ではなく、特定の政治指導者の政治的目的を満たすための国民動員機構的性格を持っていた。

二つ目は、非民主的政党運営である。これは、指導者中心の政党運営から生じる必然的な結果であるが、韓国の政党は、与野党ともに党の代表を頂点として官僚的組織体制を構えて運営されている。党組織は、民意の投入機能を果たすというよりは、権力者や指導部の政治的決定を執行する機関にすぎない。国会議員候補の政党公認は、地域区での予備選挙ではなく、党の代表や指導部により一方的に決定された。これにより、現職議員のみでなく国会議員立候補希望者も政党よりは党の指導者に忠誠を誓い、これはますます政治指導者の政党に対する支配力を強化していく仕組みとなった。

三つ目は、政党が地域政党化している点である。つまり、韓国のほとんどの政党は、その支持基盤が一定の地域に限られていて、全国的な支持を受けている全国政党が現れにくくなっている。韓国での地域主義は、すでに一九六〇年代あるいは一九七〇年代から始まっていたが、それがより深刻に表面化したのは、「民主化宣言」以後である。そもそも地域主義が台頭したのは、特定の地域を基盤とする大統領立候補者が地域感情を利用して大統領に当選し、当選してからは大統領の支持基盤を優遇し、反対候補者の支持基盤を冷遇したことからである。これは、国会議員選挙にもそのまま影響を及ぼし、投票の基準が人物や政策ではなく自分の地域を支持基盤としている政党の候補者か否かによって判断されたのである。このような地域主義的投票は、特定政党からの公認はそのまま当選を意味することになり、公認権を握っている党の代表や党指導部の影響力はますます強化され、党の権威主義構造はより深化していった。

四つ目は、革新政党（社会主義政党）の不在である。南北分断と朝鮮戦争による反共産主義イデオロギーは、韓国のイデオロギー政党の発展を著しく制約した。憲法上でも社会主義政党の結成を事実上禁止していることから、産業化の進展により労働者階層の勢力の拡大とその組織化が進んだにもかかわらず革新系の政党は依然として政治的基盤を持つことができなかった。韓国での政党の分化は政策的・理念的葛藤ではなく、権力闘争過程での派閥対立の産物であったといえる。

五つ目は、金権政治である。権威主義政権下で与党は巨大な中央党や地方組織を持ち、これを運営するためには莫大な資金が必要であった。さらに、正当性を欠いた与党の選挙戦略は組織と資金に頼らざるを得ず、金銭が選挙の結果を左右した。これは、必然的に政経癒着による不正政治資金問題をもたらした。野党は、与党や政権からの抑圧により政治資金集めに苦労し、公認権を売買して資金を集め選挙に臨んだことも珍しくなかった。

5 韓国の政党政治の変化と課題

以上のように数多くの問題点を抱えていた韓国の政党政治は、国内の政治環境の変化とともに大きな転換期を迎えている。すなわち、政党政治における数々の問題があらゆる分野から改善へ向かって動き始めたのである。

まず、政治環境の変化であるが、その一つ目は、政治家の世代交代である。指導者中心の政党政治を率いていた三金の引退とともに、例えば一九八〇年代に民主化運動を担ったいわゆる三八六世代のように、新しい世代が政治の前面に浮上し政治改革を進めていることである。二つ目は、地域主義に一定の歯止めがかけられ始めたことである。こうした動きは、特に二〇〇二年に出身地域とは異なる地域基盤からの支持により盧武鉉が大統領に当選したことが証明している。三つ目は、富の分配や社会福祉問題、対北朝鮮政策や反米運動などをめぐってイデオロギー論争が展開されることになり、二〇〇四年の選挙から労働者政党を名乗る革新系の政党（当時は民主労働党）が院内に進出したことである。二〇一九年現在、民主労働党の後を継ぐ正義党が院内で六議席を確保している。四つ目は、政治に関心を持つ若者を中心とするインターネット世代の登場である。彼らは、政治問題に積極的に意見を述べたり共同行動をとったりしている。彼らの政治参加により、二〇〇二年の大統領選挙で盧武鉉候補が当選し、また二〇〇七年の大統領選挙で李明博候補が圧倒的な得票率で当選を果たしたが、以降、インターネット世代の政治的影響力はますます大きくなっている。五つ目は、政治に対する市民団体の監視や牽制が厳しくなったことである。各種の市民団体はお互いに連携をとりながら、より組織的、より体系的に政治全般に圧力をかけている。

こうした政治環境の変化により韓国の政党や政党政治にも様々な変化が現れている。政党の民主化問題は、強力な影響力を行使していた政治指導者（三金）の退場以後、党内民主化を唱える改革勢力の主導で党代表選挙が実施され、党指導部による公認制度が廃止されるなど、政党運営の民主化が進んでいる。さらに、イデオロギー論争の活発化に伴い地域主義が緩和され、特に二〇〇二年と二〇〇七年の大統領選挙、二〇〇四年の国会議員選挙以降、地域主義の退潮が見え始め、地域主義克服の可能性が期待されている。金権政治についても、政経癒着による不正腐敗や金権選挙などに対する法律を整備し、法的対応を厳しくして改善を図っている。また、金のかからない政治を目指すという政界の全般的雰囲気も働いて政治資金の透明性の確保も進展している。

韓国の政党と政党政治が解決すべき課題はいまだ山積している。しかし、これまで見てきたように韓国の政党政治は、確かによい方向へ向かっているといえる。

5 選　挙

1　韓国の選挙

一般的に選挙とは、一定の組織や集団における特定の地位に就く者を、その組織や集団の構成員が自らの意思により選ぶ行為である。

韓国では一九四八年五月に初代国会議員選挙が行われ、自由・普通・平等・秘密の基本原則に基づいた民主的選挙制度が導入された。しかし、韓国の選挙制度は、過去七〇年間、あまりに激しい権力闘争が繰り広げるなかで、めまぐるしい変遷を遂げてきた。大統領中心制をとっている韓国では、大統領選挙が最も重要な選挙である。韓国では今まで九回の憲法改正が行われたが、改憲の主な目的は、当時の権力者が既存の政権を維持あるいは延長するために大統領選挙制度を変えることであった。そのため選挙制度の変更は、重大な政治的激変と脈絡を同じくした。これまで一九回実施された大統領選挙で一二人の大統領が選出されたが、その選挙制度は、最初の間接選挙から一九五二年に直接選挙へ、それが一九七二年維新憲法の発布により間接選挙へと変わった。これは為政者が自分の政権を維持するため、自分に有利に選挙制度を変えたためである。このように為政者によってほしいままにされていた大統領選挙制度は、一九八七年の「民主化宣言」を受けて改正された憲法により、直接選挙として定着するようになった。

さらに、国会議員選挙においても政権勢力が院内の安定多数を確保するために様々な制度が工夫され、頻繁な制度変更が繰り返された。例えば、国会議員の三分の一を大統領が推薦（実際には任命）する制度を導入したり、政治的安定を保つとの口実で、比例代表議席の三分の二を第一党に割り当てたりした。さらに、地域選挙を通じて有効投票総数の五％、あるいは三席以上の議席を確保しえなかった政党には比例代表議席の配分資格を与えない制度などが考案された。しかし、こうした歪んだ制度にもかかわらず、選挙結果が必ずしも為政者のもくろみのどおりになったわけではなかった。一九七八年に行われた維新憲法体制下での選挙では、野党の新民党が与党の民主共和党を得票率で一・一％

上回った。また、一九八五年の国会議員選挙では、政治規制から解除されたばかりの野党政治家が結成した新韓民主党が官製野党の民韓党に圧勝したことなどもあった。こうした選挙結果は、民主化運動勢力に大きな勇気や力を与え、一九八七年六月の「民主化宣言」を可能にしたのである。「民主化宣言」後に行われた第九次憲法改正によりそれまでの選挙における非民主的要素はかなり解消され、韓国の選挙制度は、いくつかの問題点を抱えながらも一応安定するようになった。その後、二〇〇二年と二〇〇七年の大統領選挙や二〇〇四年の国会議員選挙では金権選挙がほとんど姿を消しており、地域主義も改善され、韓国の選挙は、徐々に正常化に向かっている。

2 選挙制度

1 大統領選挙

現行の大統領選挙制度は、国民が直接大統領を選出する直接選挙制である。大統領選挙の立候補者は、政党公認でも無所属でも立候補できるし、被選挙権は、国内に五年以上居住している四〇歳以上の国民に、選挙権は二〇二〇年一月に公職選挙法が改正され一八歳以上の国民に与えられている。大統領の任期は、五年で重任が不可能な単任制である。投票方式は、一人一票で決選投票なしの単純多数決方式をとっている。

大統領選挙制度をめぐっては、任期五年の単任制と単純多数決の投票方式を改めるべきだとの議論がなされている。単任制は長期独裁政治の出現を防ぐために取り入れた制度であるが、民主化以後政治環境が様変わりしたことや、長期的な国家発展計画や政策の一貫性を保つために四年二期に変えるべきだとの意見が出されている。さらに、単純多数決の投票方式に関しても立候補者が多数である場合、過半数以上の得票を得なくても大統領に当選可能となり、大統領の代表性が問われることからその改正が求められている。実際、一九八七年の大統領選挙では盧泰愚候補が三六・六％、一九九二年には金泳三候補が四二・〇％、一九九七年には金大中候補が四〇・三％、二〇一七年には文在寅候補が四一・一％を得票して大統領に当選した。しかし、大統領選挙制度の変更は、各党の利害関係が絡むことや国民の政治不信もいまだ根強く残っていることからその実施は容易ではない。

2　国会議員選挙

現行の国会議員選挙制度は、地域区では小選挙区制を、全国区では比例代表制を導入し、小選挙区制（個人に投票）と比例代表制（政党に投票）の並立制である（一人二票制）。議員定数三〇〇のうち、地域区定員は二五三で、全国二五三の地域選挙区から選出される。全国区定員は四七で、全国一区の比例代表選挙で得た得票率に比例して議席が配分される。このとき、各政党は候補者名簿を提出し、上位者から当選が確定される。

国会議員の被選挙権は二五歳で、選挙権は一八歳以上の国民に与えられている。

国会議員選挙制度をめぐる論議としては、まず一つ目は、小選挙区制と比例代表制により選出される議員数の割合が問題となっている。小選挙区制を採用している理由は、多数党の乱立を避けるためであるが、同時にこれでは死票が発生する。死票発生を最小限に食い止めるため比例代表制を導入しているのだが、その割合をどうするかが問題で、近年比例代表の定数を増やす方向に向かっている。

二つ目は、選挙区割りの問題、すなわち、一票の格差の問題である。二〇一六年に行われた選挙区調整では、一選挙区当たりの人口を下限一四万人から上限二八万人に設定したため、一票の価値が最大で二対一になり、一票一価の原則を著しく損ねている。選挙区割りの変更が求められる。

3 韓国民の投票パターン

韓国民の投票パターンは、「民主化宣言」以後、大きな変化を見せている。つまり、権威主義体制下での投票パターンであったいわゆる「与村野都」現象（農村地域での与党支持、都市地域での野党支持）が完全に姿を消し、知識人やホワイトカラーの野党支持、自営業者やブルーカラーの与党支持といった投票パターンも大きく変わった。

「民主化宣言」以後、最近までの韓国民の投票パターンとしては、次のことが挙げられよう。

一つ目は、地域主義的投票である。これは、有権者の投票基準が政党や政策あるいは人物ではなく候補者の出身地域にあることを意味する。つまり、地域ごとに支持政党が決まっていて、一部の地域では有権者の九〇％以上が特定政党に投票することもある。こうした地域主義的投票によって、韓国の政党政治は大きく歪められており、政治発展を遅らせている。地域主義的投票の原因としては、まず、地域間の発展格差や不公平な人事政策などが挙げられる。つまり、急速な経済成長過程で、湖南地域が嶺南地域を支持基盤とする政権により長いあいだ経済面や人事面で差別を受け発展が遅れたことから、地域主義的投票傾向が現れ、これが他の地域にまで拡大していったのである。さらに、「民主化宣言」以後、各政党の理念や政策内容が大同小異になり、選択基準が曖昧になったことも要因で

国会議員選挙制度の変遷過程

区分	選挙年月	選出方法	選挙区制度	議員定数	任期
第１代	1948.5.10	直選	小選挙区	200	４年
第２代	1950.5.30	直選	小選挙区	210	４年
第３代	1954.5.20	直選	小選挙区	203	４年
第４代	1958.5.2	直選	小選挙区	233	４年
第５代 （両院制）	1960.7.29	直選	小選挙区（民議院） 中選挙区（参議院）	233 58	４年
第６代	1963.11.26	直選	小選挙区 比例代表制	131 44	４年
第７代	1967.6.8	直選	小選挙区 比例代表制	131 44	４年
第８代	1971.5.25	直選	小選挙区 比例代表制	153 51	４年
第９代	1973.2.27	直選 間選	中選挙区 大統領推薦	146 73	６年 ３年
第10代	1978.12.12	直選 間選	中選挙区 大統領推薦	154 77	６年 ３年
第11代	1981.3.25	直選	中選挙区 比例代表制	184 92	４年
第12代	1985.1.12	直選	中選挙区 比例代表制	184 92	４年
第13代	1988.4.26	直選	小選挙区 比例代表制	224 75	４年
第14代	1992.3.24	直選	小選挙区 比例代表制	237 62	４年
第15代	1996.4.11	直選	小選挙区 比例代表制	253 46	４年
第16代	2000.4.13	直選	小選挙区 比例代表制	227 46	４年
第17代	2004.4.15	直選	小選挙区 比例代表制	243 56	４年
第18代	2008.4.9	直選	小選挙区 比例代表制	245 54	４年
第19代	2012.4.11	直選	小選挙区 比例代表制	246 54	４年
第20代	2016.4.13	直選	小選挙区 比例代表制	253 47	４年
第21代	2020.4.15	直選	小選挙区 準連動型比例代表制	253 47	４年

（出所） 中央選挙管理委員会（http://www.nec.go.kr/necis/index.html）。

あろう。こうした地域主義的投票は、二〇〇二年と二〇〇七年の大統領選挙や二〇〇四年の国会議員選挙から緩和される傾向を見せている。

二つ目は、若年で教育水準が高く、高所得で都市に居住する有権者は、高齢で教育水準が低く、低所得で農村に居住する有権者より政治への参加意識は高いが、投票率は低いということである。これは、政治意識が高い有権者ほど既存の政治に対して不満と不信を抱いていることを意味する。彼らの大部分は、政治的冷笑主義者であり、いわゆる「現代的無関心」(無党派)層をなしている。

三つ目は、候補者の選択基準である。長いあいだ、韓国では血縁・地縁などを重視する郷土文化が根強いことから人物中心の投票傾向が一般的であった。しかし、二〇〇〇年以後、対北朝鮮政策や対米政策などをめぐってイデオロギー論争が再燃したことにより、政党が重要な投票基準になっている。すなわち、韓国の政党構図が、反北・親米路線をとる保守政党と親北・対米自主路線をとる進歩的政党に分かれることになり、有権者の選択基準も人物から政党へとシフトする傾向を示している。こうした政党中心の投票パターンは、地域主義的投票と絡み合いながらも、これからも勢いをますます強めていくと思われる。

4 韓国の選挙における問題点と課題

韓国の選挙における問題点は、制度的な側面によるものよりは選挙慣行によるものがより大きいといえる。長いあいだの権威主義政権下で選挙は、政権勢力によってほしいままにされ、官権選挙や金権選挙が行われた。行政組織が動員され、公然と選挙介入が行われたのみでなく候補者は金をばらまいて票を集めようとした。さらに、有権者が官庁の役人のいいなりになって投票をしたり、自ら候補者に金銭を要求するなど、権威主義政権下での不正選挙は日常茶飯事であった。

こうした歪んだ選挙慣行は、民主化の進展とともに徐々に改善され、官権選挙と金権選挙はかなり解消された。行政組織の選挙介入は、文民政権の樹立以後ほとんど姿を消し、金権選挙は、最近まで問題となっていたが、国民や市民団体の監視、さらに選挙法や政治資金法の厳しい適用により二〇〇四年の国会議員選挙から金のかからない選挙が行われるようになった。ここでようやく成熟した選挙文化の定着が身近なものになってきたが、いまだに韓国の選挙にはいくつかの問題点がある。

一つ目は、地域主義的投票パターンである。地域主義的投票は、健全な政党政治の発展を妨げているのみでなく、地域感情を助長して社会分裂を促している。さらに、政権交代を難しくするとともに政治報復の悪循環を繰り返す恐れもある。

二つ目は、無党派層の増加による投票率の低下問題である。「民主化宣言」以前は、九〇%を上回っていた投票率が次第に低下し、大統領選挙の場合、一九九〇年代には七〇%台に落ち、二〇〇二年には七〇・八%、二〇〇七年には六三・〇%、二〇一二年には七五・八%、二〇一七年には七七・二%となった。一方、国会議員選挙の場合、二〇〇四年に六〇・六%、二〇〇八年には四六・一%、二〇一二年には五四・二%、二〇一六年には五八%まで落ち込んだ。さらに、地方自治選挙では五〇%台が大半を占め、投票率低下はますますその深刻さを露呈している。

投票率低下の原因としては、経済成長に伴う国民の脱政治化に加え、国民の政治不信をあげることができる。政治資金をめぐる政治家の不正行為、政治家個人の道徳性の欠如、地域主義政治、与野党の極限的対立などが国民の政治不信を高め、多くの有権者は政治に関心はあるが、政治参加はしないという無党派層を形成した。

以上のような選挙における問題点は残っているが、韓国の選挙が概ね良好な方向へ向かっていることも事実である。マスコミの国民意識調査の結果などによれば、最近の有権者は候補者の経歴や能力を地縁や学閥よりも重視するとの答えが出ていて、有権者の政治意識が格段と向上していることがわかる。さらに、多くの市民団体が連携を組んで落薦（公認させないこと）・落選（当選させないこと）運動を展開していることも選挙文化の改善に大きく貢献している。つまり、地域主義を煽ったり、無責任な政治的発言をしたり、不正な選挙運動をしたりする立候補者を政党公認とすることに反対したり、落選運動を展開したことも、政治家のみでなく有権者の選挙に対する意識を大きく変えたのである。

6 地方自治

1 地方自治の変遷過程

地方自治とは、住民により構成された地方自治団体が中央政府から一定の自律性を持って住民の責任と負担に基づいてその地域の公的事務を自ら処理する活動過程といえる。地方自治は、民主主義の実現に欠かせない制度であるため先進国ほど地方自治は発達している。

韓国においても地方自治制度は、憲法に明文化されていたが、李承晩政権の反対により実施が延期された。その後、朝鮮戦争中の一九五二年、李承晩大統領が地方自治組織を選挙に利用する目的で制

地方自治団体と行政区域

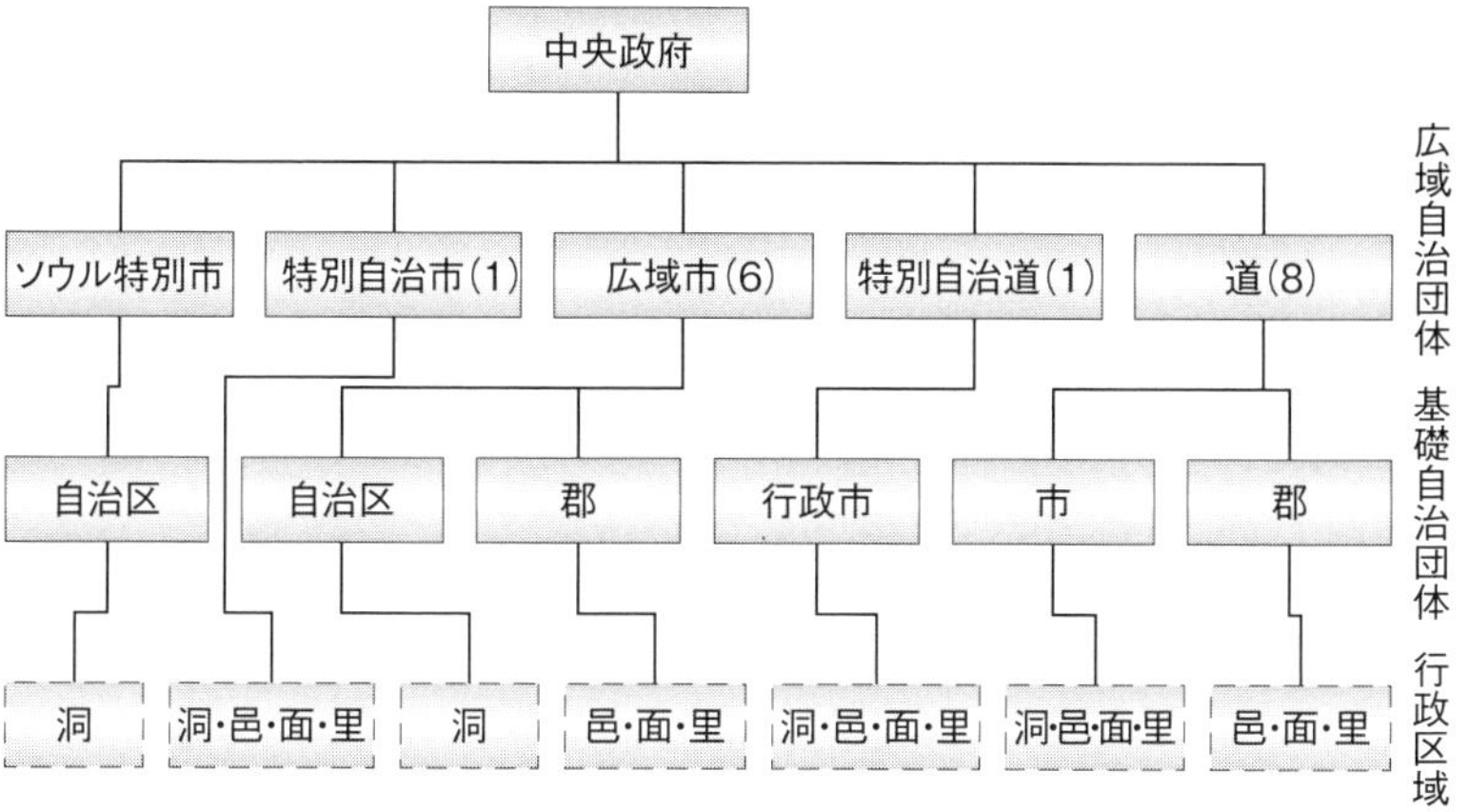

限的に実施した。

第二共和国では、地方自治制度が全面的に実施されたが、住民の自治意識の不足や自治団体内部の不和などにより混乱が極まるなかで、五・一六軍事クーデターが起き、その後およそ三〇年間にわたって地方自治は中断された。

その後、一九八〇年代半ば、新軍部勢力が政治的目的で地方自治制度の実施を試みたが、民主化運動の過程で消滅し、「民主化宣言」以後の一九八九年にようやくその実施が合意され、一九九一年、地方議会が住民の直接選挙により構成された。一九九五年六月には自治団体首長も住民の直接選挙により選出され、ようやく地方自治が全面的に実施されるようになった。

「民主化宣言」以後、韓国で地方自治が実施されたのは、市民社会や地域住民の要求によるが、その内実は中央政治圏の政治的妥協の産物であったといってよい。その結果、地方自治の本質的な問題には議論があまり及ばなかったため、後述するように実施段階で様々な問題が露呈した。

2　地方自治の仕組み

1　地方自治団体の種類

韓国の地方自治団体は、広域自治団体と基礎自治団体に分けられる。

広域自治団体とは、基礎自治団体の能力では処理できない事務、あるいは複数の基礎自治団体にわたる広域的な事務を処理する比較的大規模な自治団体である。広域自治団体は、基本的に中央政府と基礎自治団体の仲介役を果たすため、行政組織の規模は中央政府より小さいが、その構造は近似している。

現在、広域自治団体は、ソウル特別市・六つの広域市（仁川《インチョン》、大田《テジョン》、光州《クァンジュ》、大邱《テグ》、釜山《プサン》、蔚山《ウルサン》）・一つの特別自治市（世宗《セジョン》）・八つの道（江原《カンウォン》道、京畿《キョンギ》道、忠清南《チュンチョンナム》道、忠清北《チュンチョンブク》道、慶尚南《キョンサンナム》道、慶尚北《キョンサンブク》道、全羅南《チョンラナム》道、全羅北《チョンラブク》道）・一つの特別自治道（済州《チェジュ》道）がある。

基礎自治団体とは、地域住民と直接的な関係を有する事務を処理する自治団体であり、市・郡・自治区がある。ソウル特別市では自治区が、広域市では自治区と郡が、道では市と郡が基礎自治団体として運営されている。自治区の下には洞が、郡の下には邑・面・里が、市と特別自治市の下には洞・邑・面・里が、特別自治道の下には行政市と洞・邑・面・里が行政区域として置かれている。

二〇一八年一二月現在、一七の広域自治団体と二二六の基礎自治団体（七五の市、八二の郡、六九の自治区）がある。

2　地方自治団体の事務

地方自治団体の事務とは、地方自治団体が処理する事務で、事務の内容によって自治事務と委任事務に分けられる。

自治事務とは、自治団体の固有の業務として自治団体がその権限と責任で処理する事務であり、それに必要な経費は、地方自治団体が全額を負担する。生活関係・住宅・医療・環境施設・教育・文化・民防衛（敵の武力侵攻や自然災害から国民を守るため組織された国民自衛組織）・消防に関する事務などが含まれ、地方自治法によれば五七項目がある。

委任事務とは、法令により国家あるいは上位自治団体からその処理が委任され、委任者の統制を受けて執行する事務である。委任事務は、さらに、団体委任事務と機関委任事務に分けられる。団体委任事務は、伝染病予防のように地方的利害関係と全国的利害関係を同時に持つ事務で、その経費は、自治団体と国家が分担して負担する。したがって地方議会の部分的な関与が可能であり、中央政府は事後監督の形で関与する。事務の内容としては、予防接種に関する事務、市と郡の国税・道税徴収に関する事務、市と道の国道修繕・維持に関する事務などが含まれる。

機関委任事務は、自治団体の執行機関である自治団体首長に委任された事務で、全国的な利害関係がある事務、あるいはもともと国家機関が処理すべき事務を、処理の便宜や国民の利便などから自治団体首長に委任して処理する事務である。したがって地方議会は関与できない。事務の内容としては、戸籍事務、住民登録事務、兵事事務、国民投票に関する事務などがある。

委任事務は、国家や上位自治団体から指揮・監督を受け処理される。ソウル特別市・広域市・道の場合は主務部長官が監督機関になり、市・郡・自治区の場合は第一次的に上位自治団体の特別市長・

広域市長・道知事、第二次的に主務部長官が監督機関となっている。自治事務に関する監査は、行政自治部長官ないし上位自治団体の首長が実施する。

3　執行機関と議決機関

執行機関とは、議決機関である地方議会が議決した事項を管理・執行する機関を意味する。執行機関である自治団体首長としては、ソウル特別市長、広域市長、特別自治市長、道知事、市長、郡守、区庁長があり、その他、補助機関（副知事、副市長、副郡守、副区庁長）・所属行政機関（直属機関、事業所、出張所）・下部行政機関（行政区庁長、洞長、邑長、面長）を置いて執行機関を補佐して事務を処理する。自治団体首長は、執行機関の責任者として執行権を持つが、機関委任事務を遂行する場合は下級地方行政機関として、国家や上位自治団体の指揮・監督を受ける。

自治団体首長の任期は四年で、立候補資格は、二五歳以上の六〇日以上当該地域に住民登録している国民である。在任期間は三期に限られている。

自治団体首長の権限としては、事務の統括代表権、事務の管理・執行権、人事権、規則制定権、事務の委任および委託権、地方議会に対する牽制（条例案や予算案に対する拒否権）と監視権など広範なものであるが、国家や上位自治団体の命令に従わない場合、その命令の履行を強制される職務履行命令制が導入されていて、権限行使に制限を受けるようになっている。

さらに、教育・科学・学芸のような特殊業務を担当する教育自治機関が広域自治団体のみに置かれている。市・道教育監という教育自治機関は、地方議会の監督と指導を受けるとともに政府組織である教育部の統制を受ける。

議決機関である地方議会は、任期二年の議長・副議長と、任期四年の議員によって構成される。議員は住民の直接選挙により選出される。地方議会の権限としては、議決権、行政事務監査・調査権、請願受理権、団体首長の議会出席答弁・書類提出要求権などがある。一方、国家や上位自治団体とともに執行機関に地方議会の議決に対する再議要求権および裁判所への提訴権が認められていることや上位法や条例に反する自治立法の制定が禁じられることから、実質的な権限は制限されている。

地方自治制が復活した一九九一年以後、地方議員は名誉職であって、給料が支給されていなかったが、二〇〇六年一月から有給制に変わり、給料が支給されている。地方議員の政党加入は自由であり、政党の推薦を受けて立候補することもできる。自治団体首長の議会解散権や議会の自治団体首長不信任権は認められていない。

3　地方自治の問題点

韓国における地方自治の問題点は次のとおりである。

一つ目は、中央政府との分権問題である。つまり、中央政府による地方自治団体の従属問題である。韓国の場合、中央政府は委任事務と地方交付税制度を利用して地方自治団体に対する統制権を行使している。すでに述べたように、中央政府は自ら処理すべき事務を地方自治団体に委任する。自治団体事務の七〇％近くが機関委任事務であり、この機関委任事務の処理に当たって地方自治団体は、中央政府の下部行政機関として指揮・監督を受けている。

地方交付税とは中央政府が地域間の財政的均衡を保つ目的で地方自治団体に交付する財源をいう。韓国では地方自治団体の財政自立度が二〇一九年現在で五一・四%にすぎない。地方税をもって地方公務員の人件費さえ賄えない自治団体が全体の半分以上に達している。こういう状況下でほとんどの地方自治団体は財政収入を中央政府からの交付金に頼らざるをえなくなり、これは必然的に地方自治団体の中央政府への従属を余儀なくしている。さらに自治団体首長の決定や地方議会の議決が違法な場合のみならず、中央政府の方針に合わない場合にも再議要求および是正命令を出すことができる。これに対して地方自治団体は大法院に提訴することができるが、中央政府と上下関係にある自治団体が中央政府を相手にして法的闘争をするのはたやすいことではない。

こうした問題を解決するためには中央政府と地方自治団体との関係の見直し、つまり、中央政府の権限縮小と地方自治団体の自立性の確保が必要である。中央政府は、果敢に政府権限を地方に移譲して地方政府の自治権を高めるべきである。具体的には機関委任事務の大幅な地方自治団体への移譲、国税の地方税への転換、条例や規則の制定における規制の緩和などが求められる。

二つ目は、地方政治の中央政治への従属化の問題である。つまり、地方自治選挙が中央政治の地域主義的対決構図の縮小版になっている問題で、広域自治団体首長選挙のみならず基礎自治団体首長選挙においても中央政治にみられる地域主義と同じ構造が再現されている。これにより地方自治が地方民主主義の活性化を促すよりは、地域社会の既得権構造を強化する機能を果たしている。こうした現象は一方では地域主義を一層深めている。

三つ目は、地方自治団体の財政自立度の弱さである。財政自立度とは地方自治団体の運営に必要な財源を地方自治団体が自ら調達できる割合の指標であるが、その割合が非常に低い。二〇一九年の広域自治団体の財政自立度の全国平均は、四八・九%、基礎自治団体の市は三八・八%、郡は一八・三%、自治区は二九・八%となっている。最も高いソウル特別市が八二・二%で、最も低い報恩《ボウン》郡が七・七%になっている。こうした地方自治団体の財政自立度の低さは地域の不均衡な発展をもたらすのみでなく、地方自治団体の中央政府への従属性をますます強める原因になっている。国税の地方税への転換などが議論されているが、あまり解決のめどは立っていないのが現状である。

四つ目は、地方自治に対する住民参加の問題である。韓国の場合、民主化過程で発揮された政治への強い関心とは異なり、地方レベルでの政治参加には積極性があまり見られない。また、地方自治への住民参加の重要性が深く認識されていない。その結果、地方行政に対する住民の監視や監督が行われないため自治団体首長の勝手な権力行使を放置する場合も度々ある。

五つ目は、地方自治団体の放漫な財政運営である。地方自治制度の開始と同時に一部の地方自治団体では地方債を発行して立派な庁舎を建てたり、地域収益事業の名目で無謀な開発事業により環境を破壊したり、ゴルフ場やラブホテルの乱立を許したりした。さらに、選挙を意識して長期的な発展計画よりは短期的で即効的な事業に財政を投入し地域発展を阻害することも多い。

4　地方自治の課題

韓国の地方自治は、最初から様々な問題点を抱えて出発したので、その後も円滑な発展を成し遂げることができなかった。にもかかわらず地方自治の実施は、韓国の民主化にそれなりに寄与したのであり、公務員の対住民サービスも目に見えて向上した。

ここで韓国の地方自治が直面している課題をいくつか取り上げてその改善方法を提示してみる。まず、韓国地方自治の発展のためには、中央政府と地方自治団体との関係の見直し、つまり、中央政府の権限縮小と地方自治団体の自立性の確保が最優先の課題である。中央政府は、果敢に政府権限を地方に移譲して地方政府の自治権を高めるべきである。具体的には機関委任事務の大幅な地方自治団体への移譲、国税の地方税への転換、条例や規則の制定における規制の緩和などが求められる。さらに、地方自治選挙での政党推薦制度の見直しにより地方政治の地域主義を打破しなければならない。

次に住民投票制、国民召喚制（選挙などで選出・任命された国民の代表や公務員をその任期が切れる前に国民の発議により罷免する制度）、住民発議制（住民が法律案や政策を直接発議すること）などを積極的に活用して、住民による地方自治団体に対する実質的な監視・監督を行うべきである。さらに、公聴会・各種委員会・行政モニター制度の利用も活性化すべきである。

住民参加の問題は、住民一人一人の意識の転換が必要であり、住民参加を活性化する方法として地方行政に関する情報公開や事業説明会などを行う必要がある。

7 利益集団

1 韓国における利益集団の成長過程

産業化の進展に伴い社会・経済の各部門が急速に分化するとともに各部門の利益も細分化した。それにより企業家、労働者、農民、教師、医師、弁護士、消費者など各部門間の利害が衝突することが多く、それぞれ自分たちの利益を守るため結社を組織した。これが利益集団である。つまり、利益集団とは、公共政策決定過程に多様な形の圧力を行使して集団構成員の共同利益を増進するために結成された組織である。利益集団は、政策決定過程に圧力をかけ自分たちに有利な結果を導こうとすることから圧力団体ともいわれる。

韓国における利益集団の活動は、権威主義政治体制下で行われた国家組合主義的（state corporatism）な統制によってその政治社会的機能を十分に果たすことができなかった。利益集団がその本来の機能を取り戻し始めたのは、一九八七年の「民主化宣言」以後である。

建国後、韓国における利益集団は、業界や団体が自らの利益を求めて組織した自発的な組織ではなく、政府が左派労働運動や政府に非友好的な社会運動を牽制するため結成した人為的なものであった。利益集団は、政府から支援と規制を受け、業界の権益保護よりも政府政策の庇護に努める御用団体的な存在となった。こうした利益集団の対政府従属的な性格は、一九六一年の軍事クーデター以後さらに強化された。一九六〇年代～七〇年代の経済発展に伴い利益集団の数は増え、その財政力も充実してきたが、権威主義政権の規制と統制はますます強くなり、利益集団の活動は大きく制限された。

その後、こうした韓国の利益集団は、一九八〇年代半ば以後、押し寄せた民主化・自由化という社会環境の変化により大きく変わり始めた。民主化によりそれまでの政府の規制や統制がなくなり、社会も急速に多元化することにより利益集団は量的・質的に大きく膨張した。一九七〇年代に一〇〇〇あまりであった利益集団は、一九九〇年代半ばには二一八〇あまりに増え、利益集団への加入人数も二倍以上に増えた。利益集団の質的変化も目立つようになり、利益集団は、政府への従属的な地位から脱皮して利益集団本来の機能を取り戻した。のみならず、その機能分化が進み、より具体的な利益を追求する団体が数多く組織された。また、同種業界でも複数の団体が組織され相互対立と相互協力を深めている。さらに私的利益（private interest）の追求よりは公共利益（public interest）を追求する団体が急激に増え、その影響力を次第に高めている。

政党や政治家の利益集団に対する従来の認識も変化し、政府も利益集団の意見や要求を政策に積極的に反映するようになった。

世論調査によれば、国民の大多数が社会団体を通じた現実政治への参加に肯定的な認識を示しており、こうした参加型政治文化の拡大は、韓国の利益集団活動の大きな変化を予告している。

2　韓国の主な利益集団

利益集団は、一般的に組織活動の形態により結社的利益集団、非結社的利益集団、制度的利益集団、アノミー（anomie）的利益集団に分類される。

結社的利益集団とは、一定の結社組織を維持しながら活動している集団で、労働組合、企業利益集団、市民団体などがその代表的な例である。非結社的利益集団とは、血縁・地縁など非公式組織形態の利益集団である。同窓会・郷友会などがその例である。制度的利益集団とは、立法府・官僚、政党、軍隊などもともと利益追求以外の目的で構成された集団が利益活動に参加する場合をいう（公務員労組など）。アノミー的利益集団とは、デモや暴動などの非組織的な形態で一時的に利益を表出するもので、厳密には利益集団とはいい難い。

以上の類型のなかで結社的利益集団が本来的な意味の利益集団であるが、結社的利益集団はまたその活動の内容によって、経済的利益集団、非経済的専門職利益集団、公益集団に分けられる。

韓国における代表的な経済的利益集団には、経営者利益集団として「全国経済人連合会（全経連）」、「大韓商工会議所」、「韓国貿易協会」、「中小企業中央会」、「韓国経営者総協会」がある。「全経連」は、大企業中心の利益集団で、その組織の規模や財政力、さらに政府への影響力という点で韓国最大の利益集団である。「大韓商工会議所」、「韓国貿易協会」、「中小企業中央会」は、法定団体として政府の支援と規制下に置かれている点から、利益集団としての機能を十分に発揮しているとはいえない。

労働利益集団としては、「韓国労働組合総連盟（韓国労総）」と「全国民主労働組合総同盟（民主労総）」がある。「韓国労総」は、李承晩政権が共産党組織であった「全国労働組合評議会」を打倒するため結成した労働組合で、長いあいだ長期政権維持に利用された経緯がある。「韓国労総」は、「民主化宣言」以後、内部の民主化を図るなど変身を試みているが、まだ政府よりの穏健な労働組合であるとのイメージから脱皮できていない。「民主労総」は、「韓国労総」の穏健路線に反対して自主性と民主性を掲げて組織された改革的な労働組合で、政府と対立的な立場から労働者の権益を保護している。政治的には、革新政党である民主労働党（二〇〇〇年立党、二〇一一年解党）、正義党（二〇一二年立党）の支持基盤となっている。

非経済的専門職利益集団としては、「韓国教員団体総連合会（教総――旧大韓教連）」、「全国教職員労働組合（全教組）」、「大韓弁護士協会」、「韓国医師協会」、「韓国記者協会」などがある。「全教組」は、政府よりの「大韓教連」に対抗して一九八九年に結成された団体で、教育全般にわたる進歩的な改革を唱えている。

公益団体としては、「経済正義実践市民連合」、「参与連帯」、「韓国消費者団体協議会」、「韓国女性団体協議会」、「全国環境運動連合」などがあり、これらの団体は、環境・女性・人権・選挙改革・消費者問題など、国民の日常生活に関わる課題を取り上げ、その解決に努めている。

3 利益集団の最近の動向

「民主化宣言」以後、長いあいだ抑えられていた政治的欲求が噴出するなかで現れた利益集団の爆発的な増加に伴って、利益集団の組織や活動にはいくつかの新しい流れが生じた。その一つ目は、民衆運動的性格の利益集団の出現である。既存体制への挑戦を掲げ、社会全般に対する急進的な改革を唱えるこれら団体は、相互連帯によって業界のみならず社会全領域にわたる広範な改革を試みている。「民主労総」、「全教組」、「全国農民連盟（全農）」、「全国貧民連合」、「全国大学生協議会」などがその代表的な例である。しかし、こうした民衆路線の団体は、民主化の進展とともに穏健な市民運動に吸収されたり、市民運動団体へ転換したりしている。

二つ目は、公共利益の追求を目的として組織された公益団体の出現である。経済成長による中産階層の拡大と民主化による市民意識の向上により、消費者保護・環境保全・経済的正義の実現などが市民の関心を集めるようになった。公益団体の急速な増加は、こうした社会的ニーズに応じて現れた現象である。こうした団体は、穏健な改革主義を掲げ、実用的・公益的・実践的な観点から問題解決に取り組んで、次第にその影響力を拡大している。先に述べた「経済正義実践市民連合」、「参与連帯」、「韓国消費者団体協議会」、「韓国女性団体協議会」、「全国環境運動連合」が公益団体の代表的な例である。

三つ目は、こうした民衆あるいは公益団体の登場により既存利益集団が自己改革を試みていることである。「韓国労総」の変身や「大韓教連」が「韓国教員団体総連合会（教総）」へと名称を変え、組織の自律性を高めようとしていることはそのよい例である。

四つ目は、同種利益集団の噴出とこうした団体同士の競争と葛藤である。「民主化宣言」以後、労働・農民・教育の分野で既存の利益集団に対抗して、同種の利益集団が結成された。のみならず、公益団体においても同種の利益集団が数多く現れた。韓国における同種の利益集団は、大きく市民社会団体・労働団体・教員団体・女性団体・環境団体に分けられる。市民社会領域では、「経済正義実践市民連合」と「参与民主社会市民連帯」が競合関係を維持しながら既得権階層に対する挑戦と抵抗を通じて公共利益を追求している。労働領域では「韓国労総」と「民主労総」が競合的な関係を維持している。教育領域では「教総」と「全教組」が教育政策をめぐって対立している。環境領域では、「環境運動連合」と「緑色連合」が環境保全と生態系保存という共通の理念を持ちながら組織構造や利益表出様式をめぐって競合している。

このような同種の利益集団の出現は、利益集団の活性化を促進する反面、過度な競合の結果、構成員の利益を損なう危険性も心配されている。

五つ目は、政府と利益集団との政策合意を導く社会組合主義的政策決定制度が導入され、利益集団政治が試みられていることである。一九九六年に大統領の直属機関として「労使政改革委員会」が構成され、政府と労使代表による労働法の制定が試みられたし、一九九七年には「労使政委員会」が設置され、労働者・企業・政府の話し合いによる労働問題の調整を図った。その後、二〇〇七年には「経済社会発展労使政委員会」、二〇一八年には「経済社会労働委員会」に改編され現在に至っている。

4 韓国における利益集団の問題点と課題

利益集団の数的増加と多元化は、市民社会の発展や政治的民主化のための欠かせない要素であり過程である。政党と利益集団との政治的機能の相互補完が、政治的効率性を高め、社会的葛藤の解消に大きく貢献することは、先進国の例から明らかである。政治的転換期の韓国社会では利益集団が、特殊分野の権益のみでなく社会全般の正義や政治的民主化の実現に大きな貢献をしている。

しかしながら韓国で利益集団が本格的に活動し始めてからあまりにも日が浅いため、それに伴う問題点も数多く現れている。

一つ目は、集団主義的利己主義の蔓延である。特に、私的利益集団の場合、公益を無視したまま構成員の利益だけを考え、際限のない要求や対立を辞さないことが多い。ここ数年間にわたる漢医薬紛争(漢方薬の製造権をめぐる薬師会と漢医師会との対立)、交通や医療関連利益団体で頻発するストライキ、ごみ焼却炉や原子力発電所の設置をめぐる極端な対立などは、深刻さを極めている。こうした現象は、利益調整に不可欠なルールや手段が制度化されていないことに起因する。

二つ目は、利益集団の自律性の問題である。もともと政府よりの利益集団は、その依存的体質から脱却できず、依然として政府との妥協により利益をとろうとしている。さらに、新生利益集団の場合も、財政的な独立性を確保できていない一部の団体は、政府の財政的支援に頼って活動を行っていることから利益集団としての機能や役割を果たせないことが多い。

三つ目は、政府が各分野の利益調整の政治過程でどの程度利益集団を真に対話の相手として信頼し、その意見を政策に反映するかという問題である。政府は依然としてあらゆる手段を動員して利益集団を統制あるいは利用しようとする慣行を捨てようとはしない。

四つ目は、ごく一部であるが、利益集団、特に公的利益集団を政治家志望者が政界進出の足場として利用することである。これは市民の利益集団に対する信頼性を低下させるとともに利益集団としての正当性や自律性を損なうことにより、自らの存在理由を否定する結果を招きかねない。

以上のような問題を抱えている韓国の利益集団やその運用主体である国民が負っている課題は決して軽くない。

こうした問題を解決するためには、何よりも民主的政治過程の確立が優先されなければならない。「民主化宣言」以後、民主主義の進展は見られたものの、政治過程での民主主義はまだ制度化されていない。権威主義的要素や極限対立の闘争意識も払拭されていない。したがって、政府や利益集団の構成員は、まず対話による問題解決能力を身につけなければならない。つまり、対話政治の内面化であるが、こうした対話政治を可能にするためには葛藤調整装置を制度化しなければならない。例えば、政府と利益集団が対話できる機構の常設化などが考えられる。

現代社会は、多様な部門間の相互依存度がますます高まっている。このため、利益集団間の過度な競争や公的利益を無視した集団利己主義が、社会全体の混乱を招き、自己の利益さえ守れなくする結果をもたらしかねない。利益集団は、私的利益と公的利益の均衡を念頭に置きながら対話と競争の原則に沿って利益を追求していかなければならない。

8 司法制度の概要

近代国家における司法制度とは、紛争を解決する制度としての裁判制度を意味する。国家内で発生する紛争に対して、原則的に自力救済を禁止して、国家が紛争解決機関として法廷を設置し、立法機関によって制定された関連法を適用し、裁判によって紛争を解決する。韓国の憲法は裁判権が法院に属すると規定しているが、法院以外にも司法の範囲から分離して独立した憲法裁判機関として憲法裁判所を設置して違憲審査などに関する審判を行っている。

韓国の司法制度は、朝鮮王朝時代、甲午改革以後の近代的な改革、日本植民地期と米軍政期を通じて制度改編が行われ、長い歴史過程を経て生成・発展しながら今日に至っている。現行韓国の司法制度は、主に西欧の司法制度を継受しながら導入されたものである。

一九四九年には法院組織法が制定・公布され、大法院、高等法院、地方法院による三級三審制度が導入された。このように西欧の裁判制度を導入したが、最初から関連法律が整備されていたのではなく、実際に裁判の基準となる実体法としての民法・商法・刑法などの法規範は未整備の状態でスタートし、後から関連法が順次制定された。

韓国初の憲法は、一九四八年七月一七日に公布され、大韓民国政府の樹立から現在に至るまで九回にわたって改正が行われた。その憲法改正の主な目的は、国民の基本権の拡大や保障を行うためではなく、時の権力者が政権を維持するためであった。ほとんどの場合、改憲は国民的合意を得ず変則的で強圧的な方法によって強行された。

9 憲法裁判所

憲法裁判所は、国家権力の濫用を規制し、公権力の行使または不行使による基本的人権の侵害を救済するために設けられた特別裁判所である。民主主義国家における国民の意思（総意）とは、結果的には選挙による多数決によって決定される。したがって、国のほとんどの重要事項が多数決によって支配される危険性も排除できない。そこで憲法は個人の基本的権利が侵害されないようにその基本的な条件を定めている。ところが現実の立法作用は政党や圧力団体など社会の諸勢力によって影響される可能性も高い。民主主義と自由主義との調和を図るべく、立法・司法・行政機関から独立して（多数の力や社会的影響力からより自由な立場で判断）憲法の適合性を判断できる機関が必要であるという観点から憲法裁判所は登場した。一九八八年に導入された韓国の憲法裁判所制度は、個人の基本的人権の擁護と客観的な憲法保障の機能を持った韓国憲法独特の制度である。

憲法裁判所の管掌する裁判事項としては、①法院の提請（提出して決定を請うこと）した法律の違憲審判、②弾劾審判、③政党の解散審判、④国家機関相互の権限配分に関する審判（国家機関相互間あるいは国家機関と地方自治団体、地方自治団体相互間の権限をめぐる紛争を審判）、⑤違憲的公権力の作用に対する憲法訴願審判（法律・処分・判決が憲法に反するかどうかを判断）などがあり、これらは一般司法の範囲を超越したものである。

これらのなかで、違憲決定や憲法不合致決定に関しては、まず違憲決定の場合は、違憲判決を受けた該当法律または条項はその日から失効する。また憲法不合致決定の場合は、決定内容にしたがって法改正を行わなければならず、その改正によって旧法律または旧条項は失効する。憲法裁判所の審判の決定は、裁判官の過半数の賛成で決まる。ただ、法律の違憲決定、弾劾の決定、政党解散の決定は、裁判官六人以上の賛成を得なければ成立しない。

憲法裁判所の組織は、大統領、国会、大法院長が各三人を推薦して、大統領が任命する合計九人の裁判官で構成される。憲法裁判所の長は、裁判官のなかから大統領が国会の同意を得て任命する。裁判官は法官の資格を持つものから選ばれ、任期は六年で連任が認められている。

一九八七年以前、法律の違憲審査は、第一共和国では憲法委員会が担当し、第二共和国では憲法裁判所法が制定されたが、五・一六軍事クーデターにより憲法裁判所の設置は実現しなかった。第三共和国では一般裁判所と弾劾審判委員会で憲法裁判権と弾劾審判権が行使された。第四・第五共和国では憲法委員会が設けられて違憲審査を担当したが、実際には一件の審査も行われなかった。

憲法裁判所設立（一九八八年九月）以降現在（二〇一九年一二月）まで、憲法裁判所が行った違憲決定（六四五件）や憲法不合致決定（二五五件）は急激に増える傾向を見せている。これは権威主義政治体制の下で公権力により憲法で保障されている国民の基本的人権が侵害されたことが多かったからである。二〇〇四年三月、盧武鉉《ノムヒョン》大統領が史上初めて国会から弾劾訴追され、職務が停止されたが、同年五月に憲法裁判所の棄却判決によって大統領職に復旧した。二〇一六年一二月には朴槿恵《パククンヘ》大統領が国会から弾劾訴追され、翌年三月に憲法裁判所の認容判決によって大統領職を罷免された。これらの事件は、国民に憲法裁判所の重要性を再認識させた。

10 裁判制度

1 裁判権（司法権）の種類および審級制度

民主国家では、具体的な事件についての法規の適用に関する判断を、立法機関や行政機関から独立した専門機関（裁判機関）に一任する司法制度をとっている。裁判権はその機能によって、個人の生活関係の紛争や利害の衝突を解決・調整する民事裁判権、行政処分から私人の利害を侵害された者が行政法院に出訴した争訟を裁判する行政裁判権、犯罪を犯した刑事被告人に対する検察官の公訴に基づいて刑罰請求権を審判する刑事裁判権、などに分類されている。

前述したように韓国の司法権は一九四九年以後、大法院、高等法院、地方法院・家庭法院による三段階の構造となっている。審級制度としては、同一の事件を各級法院で順次審判を受けることによって裁判の適正と法令解釈の統一を図るために、三審制を原則としている。第一審は、地方法院および同支院の単独判事と合議部が管轄し、その際の事件の分担は、訴訟事件の軽重によって決定する。第二審は、原則的に地方法院本院合議部および家庭法院合議部、および高等法院が担当する。第三審は、地方法院本院合議部と家庭法院本院合議部が第二審である場合と、高等法院が第二審である場合に、大法院が第三審法院となる。なお大法院は、特許法院、軍事法院の裁判に対する上告審も担当する。

2　法院（裁判所）の種類および管轄事件

現行法院組織法（一九八七年一二月四日全面改正）は、以下のように法院の種類を大法院（最高裁判所）、高等法院（高等裁判所）、地方法院（地方裁判所）、家庭法院（家庭裁判所）の四種類に定め、さらに一九九八年からは特許法院と行政法院が、二〇一七年からは回生法院が新設された。この他に軍事裁判を管轄する特別法院として軍事法院がある。

1　大法院（最高裁判所）

大法院は、大法院長（最高裁判所長官）を含めて一四人の大法官（裁判官）で構成されている。大法院長は国会の同意を得て大統領が任命し、大法官は大法院長の提請で国会の同意を得て大統領が任命する。大法院長の任期は六年で重任は認められないが、任期六年の大法官の場合は連任が認められる。ところが、韓国の大法官は日本とは違って、任命された後に国民から審査を受けることはない。

管轄としては、①高等法院または控訴法院、特許法院の判決に対する上告事件、②抗告法院、高等法院または控訴法院、特許法院の決定・命令に対する再抗告事件、③他の法律により大法院の権限に属する事件、などに関する審判を対象とする。選挙訴訟については高等法院が一審であり最終審として裁判を行う。大法院の判決は大法院長を裁判長として、大法官全員の三分の二以上で構成される合議体で行われる。

裁判所の体系

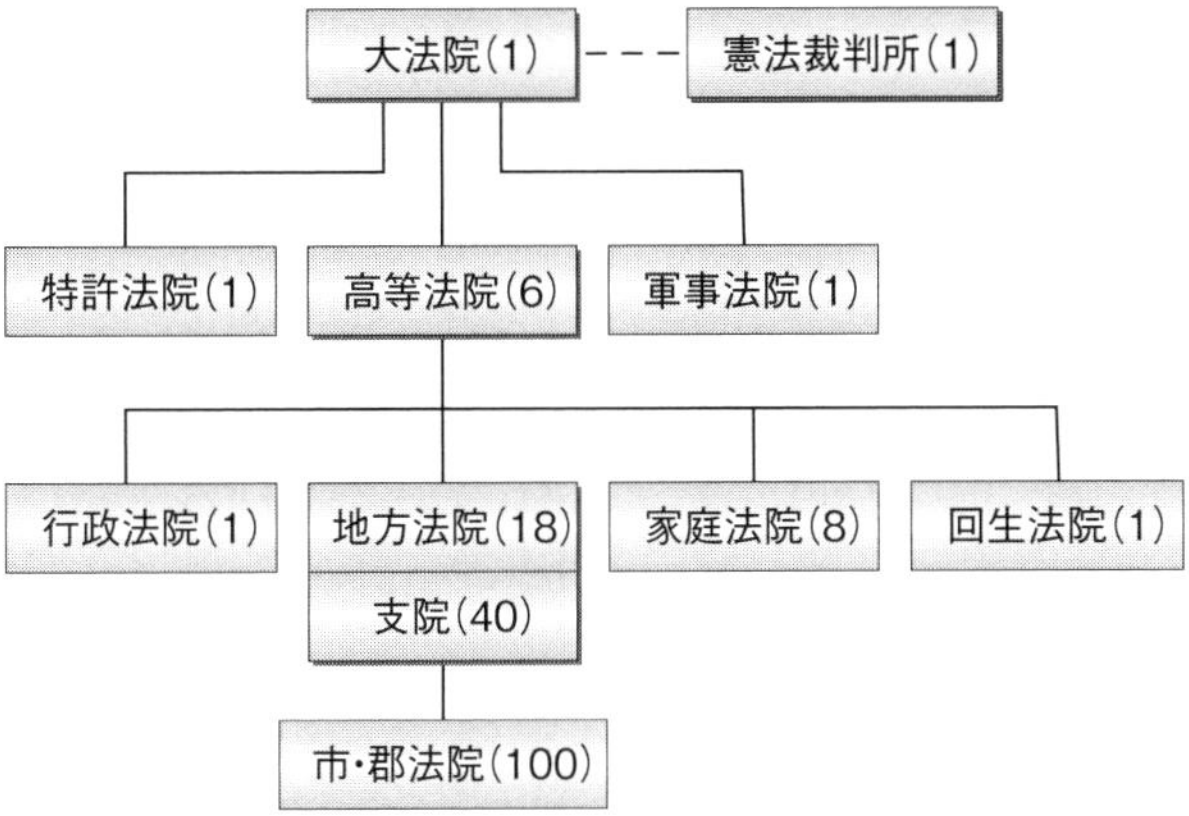

（注）　カッコ内の数字は裁判所の設置数。
(出所)　大法院ウェブサイト（http://www.scourt.go.kr/info/scrt_org/jud_org/index.html）を参照して作成。

2　高等法院（高等裁判所）

高等法院長は判事のなかから任命し、その法院の司法行政事務を管轄し、所属公務員の指揮・監督を行う。高等法院の部は三人の判事で構成され、部長判事が裁判長の任に就く。管轄事件は、①一審判決の控訴事件、②一審判決・決定・命令に対する抗告事件、③選挙訴訟などの法律で定めた審判などである。ソウルなど六カ所の都市に設置されている。

3　地方法院（地方裁判所）

地方法院では、原則として判事が単独で審判を行い、合議審判の場合には三人の判事で行う。一四カ所の都市に設置され、民事および刑事事件を第一審として審判する。管轄事件としては、①合議部で審判することを合議部が決定した事件、②大法院規定で定めた民事事件（原則として訴額三〇〇〇万ウォンを超える事件）、③死刑、無期または短期一年以上の懲役または禁錮に該当する事件、④地方法院判事に対する除斥・忌避事件、⑤他の法律により地方法院合議部の権限に属する事件などである。地方法院（一八カ所）の支部として支院（四〇カ所）が、さらに地方法院や支院から遠方には市・郡法院（全国に一〇〇カ所）が設置されている。市・郡法院は一九九五年に導入され、少額事件（二〇〇〇万ウォン以下）、調停事件、罰金二〇万ウォン以下の刑事事件を一人の判事が担当する。

4　家庭法院（家庭裁判所）

家庭法院は地方法院と同格であり、家庭法院長、各部の部長判事および判事、調停委員会によって構成される。ソウルなど八つの都市に設置されている。家事事件は法官三人で構成される合議部または判事が単独で担当する。家庭法院は少年審判部と家事審判部を置いて、少年審判部は一〇歳から一九歳未満の少年犯罪事件を、家庭審判部は家事調停と家事裁判を担当する。家事調停に関する審判には調停委員会の意見を聴取しなければならない。

5　特許法院

高等法院級の特許法院は、一九九八年ソウル特別市に設置され全国を管轄する。特許法院長と各部の部長判事および二人の判事で構成し、法官を補助するための技術官を置く。管轄事件としては、特許法・実用新案法・意匠法・商標法などに関する第一審事件、他の法律により特許法院の権限に属する事件の審判を担当する。

6　行政法院

行政法院が設置されていない地域では、行政法院が設置されるまで地方法院本院が事件を管轄することになっている。行政法院長は、その法院の司法行政事務を管轄し、所属公務員を指導・監督する。行政法院は行政訴訟法で定められた行政事件とその他の管轄事件を第一審で審判する。

7　回生法院

回生法院は二〇一七年に新設され、個人や法人など債務者の回生および破産に関する事件を審判する。ソウル以外には設置されていないが、他の地域では地方法院本院が事件を管轄することになっている。

8　軍事法院

軍事裁判に関する特別法廷として軍事法院が設置され、軍事法院の上告審は大法院が管轄権を有する。軍事法院には抗告を審判する高等軍事法院と普通軍事法院が設置されている。普通軍事法院は裁判官一人あるいは三人、高等軍事法院は三人あるいは五人の裁判官で構成され、裁判官には軍判事と審判官の区別がある。審判官は法的知識と裁判官としての人格と学識のある将校のなかから管轄官が任命する。

3 国民参与裁判制度

国民参与裁判制度は、「国民の刑事裁判参与に関する法律」（二〇〇七年六月一日制定）によって、二〇〇八年一月一日から国民が陪審員として刑事裁判に参与する新しい裁判制度である。陪審員となった国民は被告の有罪・無罪に関する評決を下し、有罪の場合には量刑に対する意見を裁判長に提示すれば、裁判長は陪審員たちの決定を斟酌して判決を下す制度である。これは健全な常識と平均的な正義感を反映できる手続きを導入するために英米型の陪審員制度と大陸型の参審制度を折衷した制度である。さらには司法の民主的正当性を強化して透明性を高めることで国民から信頼を受ける司法制度を確立することを目的としている。

国民参与裁判が適用される事件の対象は、合意部の管轄事件のなかで「合意部が審判することと決定した事件」、「死刑、無期、短期一年以上の懲役または禁固に該当する事件」（兵役、保健、道路交通などの犯罪は除外）と規定されている。国民参与裁判は刑事裁判の一審に限定され、かつ被告が同制度の適用を望む場合に行われる。

国民参与裁判を適用する際には被告の意思を尊重し、被告が国民参与裁判を望むか否かの意思を書面などの方法で必ず確認しなければならない。国民参与裁判制度は、公判過程はもちろん、捜査を含めた刑事手続き全般に大きな変化をもたらした。現在の法律は、二〇〇八年から二〇一二年まで五年間試行した後、韓国の状況に適した形に決められた。

陪審員は、地方法院長（地方裁判所所長）が、その管轄区域内に居住する満二〇歳以上の国民のなかから無作為抽出により選任する。陪審員には旅費と日当が支給される。法律や裁判所が認めた理由以外で出席を拒否した場合は、二〇〇万ウォン以下の罰金が定められている。法定刑が重い死刑などの事件は九人の陪審員、その以外の場合には七人の陪審員とする。しかし被告または弁護人が公判準備手続き過程で公訴事実の主要内容を認めたときには陪審員の数を五人とする。また陪審員の欠員などに備えて五人以内の予備陪審員を置くことができる。

陪審員の選任は、事件と一定の関係にある人の場合、他の陪審員に対して過度な影響を与えることができる人の場合や、陪審員としての職務遂行に支障がある職業の人の場合にはなされない。一方、陪審員が所属する会社などから不利益を受けることを禁じる保護措置が法律に明記されている。さらに、陪審員の身辺保護のために、裁判所は専任管理者を指定して陪審員の個人情報を徹底的に保護する。陪審員は被告・証人に対して必要な事項の訊問を裁判長に要請することができる。審理中には法廷離脱禁止の義務と評議・評決または討議に関する秘密漏洩禁止義務などを遵守しなければならない。

陪審員団は裁判官から独立して、独自に有罪・無罪に関して評議し、全員一致で評決する。しかし、意見が一致しない場合には、裁判官の意見を聞いた後に多数決で評決する。陪審員が有罪の評決をした場合には、量刑に関して裁判官と討議するが、陪審員の評決と量刑に関する意見は裁判所を拘束しない。陪審員の評決結果と量刑に関する意見を集計した記録は訴訟記録として残される。国民参与裁判は原則的に毎日行われ、一〜三日の期間内に裁判を終えるように運営する。

4　代替的紛争解決制度

社会の急激な変化に伴う民事紛争の爆発的な増加によって、訴訟による法的解決に限界が生じ、その代案として訴訟外の紛争解決制度が導入されている。いわゆる「代替的紛争解決制度（Alternative Dispute Resolution, ＡＤＲ）」は訴訟手続きを補完する自主的な紛争解決方法である。このように民事紛争については裁判外の方法による解決方法はすでに多くの国で行われている。特に、近年の電子商取引の急激な増加はそれに伴う紛争数の急増をもたらしていることからも、紛争の早期・簡便な解決は健全な経済発展と訴訟経済の視点から不可欠であり、今後、ＡＤＲによる紛争解決手段は増加するであろう。

以上で韓国の司法制度について述べてきたが、韓国の法体系は、大別して基本的に公法と私法に分類され、韓国法のなかで、とりわけ私法に属する民法と商法は日本法の影響を強く受けている。しかし、民法では、特に韓国固有の伝統・文化や社会状況などの特殊性が色濃く反映されていた。例えば、同姓同本（本貫）同士の結婚禁止（二〇〇〇年廃止）、戸主制度（二〇〇五年廃止）、夫婦別姓制度などである。刑法では姦通罪（二〇一五年廃止）があった。また、南北分断による対立構造（分断体制）は韓国の法構造に大きな影響を与え、国家保安法を中心とする治安法体制は今なお存続し続けている。

このように韓国法は韓国固有の伝統的な法文化と関連しながら、法制度や法作用面において、欧米社会の個人主義や自由主義に基づいた現代法と矛盾している部分が多く含まれている。これらは新たな法律の制定や改正が行われようとも、文化的・社会的影響による価値観の急激な変化がない限り、慣習上、依然として維持される可能性が高い。

一方、独占禁止法、知的財産法、労働法などの社会法や商法の分野においては、グローバル化の進展と経済状況の急激な変動に対応するために、数多くの関連法規の制定と改正が行われている。

解放後、韓国人の価値観は社会の変動に従う形で変化し、一九八〇年代と一九九〇年代の民主化の過程を経ながら、参加的で能動的な市民文化を形成するようになった。このような価値観の変化と政治文化の変容は法意識、すなわち遵法精神と権利意識にも大きな影響を与えた。法は個人の権利と自由を保障する手段としてではなく、国民を規制する手段として従来認識されていたが、参加的市民文化の定着とともに権利意識は大きく伸張した。

第3章　韓国の民主化と市民運動

1　韓国の政治を変えた民主化

1　民主化と民主化運動とは

民主化とは、非民主的な政治体制の内部から法的・制度的・意識的な面での民主志向的な変化が現れ、非民主的な政治体制が民主的な政治体制へと移行していく過程であるといえよう。この意味で民主化は、完成形ではなく進行形である。民主化は、その担い手によって、上からの民主化と下からの民主化とに分けられる。

民主化運動とは、民主主義を実現するために展開される各種の組織的・非組織的あるいは合法的・非合法的な行動や運動をいう。こうした民主化運動により民主主義が制度化され、国民意識にそれが根付けば民主化は達成されたことになる。

こうした概念から韓国の民主化や民主化運動を論ずるためには、一九六〇年、李承晩《イスンマン》政権の独裁政治に反対して行われた学生運動（四・一九学生革命）から現在に至るまでの民主化運動を取り上げなければならない。しかし、ここでは一九八〇年代の大学生や知識人・在野勢力・労働者を中心とした民主化勢力が軍部権威主義体制に抵抗して民主化運動を展開し、ようやく制度的民主主義を実現させた一九八七年六月二九日の「民主化宣言」発表までを中心に話を進めていく。この「民主化宣言」をきっかけに韓国の政治体制は、軍部権威主義体制から民主主義体制へと移行し始め、あらゆる分野で民主化が進むようになったからである。

2 民主化運動の展開過程

現代韓国における大学生を中心とした民主化運動は、一九六〇年四月、李承晩の独裁政権を崩壊させた（四・一九学生革命）。こうした民主化運動は、一九六〇年代～七〇年代の朴正熙《パクチョンヒ》軍事独裁政権下でも軍事政権の厳しい弾圧を受けながらも絶えず展開した。

一九七九年一〇月二六日、朴正熙大統領の暗殺により軍部独裁体制が崩壊し、韓国における民主化は絶好のチャンスを迎え、民主化運動はおおいに活性化した。しかし、一九八〇年一二月一二日、再び軍事クーデターが起こり、当時、保安司令官であった全斗煥《チョンドゥファン》将軍が実権を握って民主化運動を徹底的に弾圧し始めた。特に、光州《クァンジュ》で起きた反政府デモ（光州民主化運動）に軍隊を動員して鎮圧を図る過程で多くの人々が犠牲になり、これをきっかけに民主化運動は、イデオロギー面で急進化し、組織化も進んだ。さらに、デモ鎮圧のための軍隊動員がアメリカの黙認の下で行われたことが知れると、民主化運動勢力は、反政府に加え反米を唱えるようになった。

一九八〇年代初頭、全斗煥政権は、野党と在野勢力・大学生や労働者など民主化勢力を徹底的に弾圧するとともに言論統廃合政策を掲げ言論を統制し、反対勢力の政界追放など暴力政治を行い、国民の反感を買った。

権力の正当性が認められなかった全斗煥政権は、国民の反政府世論を和らげる必要から一九八三年からは、各種の規制を緩和するなど、強圧政治を柔軟化した。例えば、政治活動規制の解除、学院自由化（大学生の学内活動の自由化）、解職教授（反政府的な立場から独裁政権に抵抗したことにより解職処分を受けた大学教員）と除籍学生（同じ理由で退学された大学生）の復職と復学の許可、海外旅行の自由化などの措置をとったのである。

これにより大学では総学生会（学生自治会）が復活し、これを母体として一九八四年一一月には「全国学生総連盟」が結成された。また、同年九月には過去に学生運動をしていた人々が「民主化運動青年連合」を組織した。こうした学生組織は、一九八五年四月、大学生の全国組織「全国学生総連合会」として統合され、全国規模での民主化運動を展開した。また、民主化を求める芸術家・聖職者・知識人などにより「民衆文化運動協議会」が結成された。一方、一九八四年五月には、言論界や大学、あるいは公職から追放された人々からなるいわゆる在野勢力が政治活動を禁じられた政治家（金泳三《キムヨンサム》・金大中《キムデジュン》など）と連合して「民主化推進協議会」を結成し、政党結成の足場を構築した。一九八五年一月、「民主化推進協議会」を母体として「新韓民主党」が結成され、同年二月に行われた国会議員選挙で一躍第一野党に浮上した。これにより、今まで社会運動の性格を持っていた民主化運動は、政治運動の性格を有するようになり、国会内でも憲法改正などを主張するようになった。

当時、民主化勢力が一番大きな課題として取り上げていたのは、大統領選挙制度の改正であった。つまり、大統領選挙制度を選挙員団による間接選挙から国民の直接選挙に改正することを要求したのである。しかし、全斗煥政権は、これを拒否し、民主化運動を警察力など物理的な手段をもって厳しく弾圧し続けた。

こうした政府の強硬な対応に対して、一九八六年に入ってからは、大学や小・中・高校の教員たちも集団的な民主化運動を展開した。一九八六年三月に高麗大学の教授二八人が改憲を支持する時局宣言文を発表したことを皮切りに、各大学の教授たちが次々と改憲と民主化を要求する宣言文を発表して全斗煥政権を圧迫した。学生デモは、過激の度合いを増し、抗議のための焼身自殺や投身自殺も後を絶たず、一九八六年だけでも四人が自ら命を絶った。民主化勢力の要求は、すでに改憲や民主化のみではなく全斗煥政権の退陣を求めるようになっていた。

一九八七年一月、デモで連行されたソウル大学生が警察の拷問によって死亡する事件が起きると民主化運動はより過激になり、国民の怒りが頂点に達した。この事件をきっかけに今まで民主化運動に傍観的な態度をとっていた中産階層が民主化勢力を支持するようになり、民主化運動は、国民的抗争へと発展していった。

こうした状況に直面したにもかかわらず全斗煥大統領は、四月一三日、改憲をしないとの談話を発表して国民の怒りを買い、民主化運動を激化させた。これに加えて、六月には延世大学の学生がデモ中に警察の催涙弾に当たって死亡する事件が発生し、デモは全国に拡散し、六月二六日には一〇〇万人あまりがデモに参加した。デモには学生や労働者など民主化団体のみではなく一般市民やサラリーマンも大勢加わって連日国民レベルでの民主化デモが繰り広げられた。

こうした事態に直面した全斗煥政権は、これ以上は持ちこたえられないと悟り、一九八七年六月二九日に次期大統領候補として指名された盧泰愚《ノテウ》与党代表に大統領直接選挙制への改憲を中心とする八項目の民主化措置を発表させた。すなわち、大統領直接選挙制改憲、大統領選挙法改正による公正選挙実施、金大中の赦免と復権、民主化関連拘束者の釈放、国民の基本的人権強化、言論基本法廃止など言論の自由の保障、地方自治制度の実施、政党活動の保障、地域感情の解消努力などを内容とする民主化措置が発表されたのである。これがいわゆる「六・二九民主化宣言」である。

この宣言に基づいて、同年一〇月二七日には大統領直接選挙制など民主制度を取り入れた新憲法（第六共和国憲法）が国民投票により確定され、一二月には国民の直接選挙による大統領選挙が行われた。

3 「民主化宣言」発表の背景

「民主化宣言」を可能にした背景としては、次の五つの項目を挙げることができる。

一つ目は、経済成長による国民の政治意識の向上である。韓国は一九六〇年代以来、経済開発計画を立て産業化政策を推進した。これにより政治発展に結びつく社会経済的基盤を早い速度で構築することができた。産業化の過程で民主志向的な中間階層が形成され、彼らの社会的な地位は次第に高くなり、大きな政治勢力として成長した。つまり、都市化、マスコミの発達、教育水準と生活水準の向上、社会構造の分化と専門化が進み、一九八〇年代以後の韓国は、中央集権的な権威主義政治体制によっては統制・管理できない社会へと発展していたのである。P・シュミッターとG・オドンネルの研究は、権威主義体制のうちのあるものは自ら生み出した経済的発展によって自己否定されてきたと多くの実例を踏まえて証明しているが、韓国の場合がまさにそのよい例である。

このように経済成長による国民の政治意識の向上が「民主化宣言」を引き出した主な原因である。

二つ目は、軍部権威主義政権の権力の正当性と道徳性の欠如である。第五共和国は、軍事クーデターにより権力を握り、「光州民主化運動」を武力で鎮圧したため、最初から権力の正当性が問題とされ、第五共和国体制の全面的な改編を主張する改憲論が早くから台頭した。さらに、第五共和国は、言論統廃合を始め国家権力を濫用して強権政治を行ったのである。また、民主化運動を無慈悲に弾圧し、デモに参加した大学生を拷問によって殺したのみでなく事件を矮小隠蔽することで政権の道徳性を失墜させた。また、大統領一家の不正問題が発覚し、政権の道徳性は完全に地に落ちていた。

三つ目は、民主化勢力の結集と野党勢力の躍進である。第五共和国の発足と同時に社会浄化という口実で断行された反対勢力に対する弾圧は、反体制勢力の結束を強化し、いわゆる在野勢力として結集させる結果となった。さらに、こうした在野勢力は一九八〇年代半ば以後、学生や労働者勢力と連帯し、より組織的・効果的に軍部権威主義政権を圧迫することができた。さらに、国会における野党の躍進は、政治構図を民主対反民主の対決へと転換させ、民主勢力の総結集により六月民主化闘争（民主化宣言にいたる闘争）は勝利を収めたのである。

四つ目は、アメリカによる軍部権威主義政権に対する圧力である。アメリカ政府は、一九八七年六月の民主化闘争に関連して、「国民の支持を受け、国民の権利を尊重する政府が登場することを希望する」という立場を表明した。さらに、韓国人の改憲要求に対しては、「韓国政府が国民の改憲要求を受け入れないことは、民主主義の基本原則に反する」という立場を明らかにした。また、アメリカの上院では一九八七年三月、韓国の改憲を促す決議案が可決され、六月には民主化を促す決議案が満場一致で可決されるに至り、軍部政権への圧力となった。

五つ目は、国際社会からの影響である。一九八〇年代半ばに始まったソ連・ゴルバチョフ政権の改革政策により、東西冷戦構造が緩和される方向へと進んだ。これにより、抑圧政治の大義名分であった安全保障や反共イデオロギーの求心力が衰え、韓国での反体制勢力の活動領域が広くなったのである。さらに、一九八〇年代に入ってから活発化したフィリピンでの民主化運動は、民主主義への国民の関心を高め、権威主義に対する国民の抵抗意識を勇気付けたのである。

4 「民主化宣言」の意義

一九八七年六月に行われた全国民的な民主化闘争は、韓国政治史上の一大事であった。つまり、「民主化宣言」により韓国で長いあいだ続けられてきた権威主義政治は終わりを告げ、ようやく民主化のための一歩を踏み出すことになったのである。

民主的な政治体制下では、国民が自由に代表を選ぶ権利、立法府・行政府・司法府が互いに牽制し均衡を保つ権力分立、政府の政策を自由に報道し批判できる言論の自由、市民が自由に政治過程に参加できる国民の政治参加、政党や利益団体を結成できる自由などが保障されている。しかし、長いあいだ韓国ではこうした自由と権利は制限され、一人あるいは少数の政治指導者により統制され、国民は政治の客体にすぎなかった。

「民主化宣言」は、こうした支配様式を打破してそれまで大きく制約されていた国民の自由や権利を伸長させたのである。つまり、「民主化宣言」は、韓国の民主化の足場を築いたことになる。

ところが、民主化闘争によって勝ち取ったこうした政治変動は、民主主義の実現をそのまま意味するものではない。法的・制度的な面では一応民主主義が実現されたが、民主主義の内実化（定着化）はまだできていない。「民主化宣言」後の文民政権といわれる金泳三政権や金大中政権の政治形態を見ても依然として権威主義的な支配パターンが残っていて、政策決定における大統領の権限も強力であった。議会政治も対話と協調のルールを見出せないまま混迷し、多様な政治理念や価値観が共存できる社会的な基盤も整えられていない。

このように「民主化宣言」以後における韓国政治の民主化には、様々な問題点が露呈されているにもかかわらず、韓国の「民主化宣言」は、上から与えられたものではなく下から勝ち取ったものであったことに大きな意義がある。これは、韓国人に民主主義に対する信念を確信させたのであり、それゆえにこうした韓国の民主化は、逆戻りできない歴史の流れとなったのである。韓国ではもう二度と権威主義政治体制が復活することはないであろう。これが「民主化宣言」のかけがえのない大きな意義である。

2 韓国の市民運動のエネルギーと変化

1 市民運動の発生

市民運動とは、市民一人一人が民主主義に基づいて権利意識を自覚し、階級や階層の利害関係を超えて社会正義の実現という立場から特定分野で共通の目標を達成しようとする運動である。市民運動は、個人の自主的な参加を前提として緩やかな組織を通じて合法的に展開され、その目的も普遍性を志向する。

韓国で一九八七年以後に現れた重要な変化の一つは、脱イデオロギー的・脱階級的な市民運動が活発に展開しだしたことである。権威主義政権下で市民社会の多様な勢力は、いわゆる在野勢力に結集し、学生や労働者、知識人などと連合して反政府民主化運動を展開した。一九八七年以前の社会運動は、軍部独裁を打倒する民主化運動という大きな目標を共有しており、民衆運動と市民運動、あるいは急進路線と穏健路線との差は明確ではなかった。ところが「民主化宣言」以後、民主化が進むなか、社会運動勢力のなかでは運動の目標・主体・方式などをめぐって路線分化が見られた。その分化は、主に民衆運動路線と市民運動路線とに大別することができる。民衆運動は主に労働者・農民・低所得者が中核である。経済的・階級的不平等を争点としてストライキ・デモなど急進的な方法で政治・経済構造の根本的な改革を目指した。それに対して、市民運動は、自営業者・知識人・学生・主婦・宗教人などを中核とする。経済秩序の確立、不正腐敗の追放、環境・女性など広範な分野の問題を争点として、講演会・キャンペーンなどを通じて改善を図っている。

一九九〇年代以後、民主化が進むにつれ、急進的で左傾的な民衆路線は、次第に衰退していき、多様な領域の価値を認める改革性向の市民運動路線が主流をなすようになった。つまり、この時期以後の韓国の社会運動の目標は、政権打倒ではなく韓国社会が抱える多様な問題、例えば、経済的正義・環境・人権・女性・教育問題などを取り上げ、これに対する政策代案を提示して改革を誘導することであった。一般国民もイデオロギー問題よりは生活問題に関心を寄せるようになり、市民運動は、次第にその活動領域を広めていった。

市民運動の主体は、改革志向の中産階層が主流をなし、知識人や広範な市民階層が参加している。活動方法も闘争様式を止揚して非暴力的・平和的・合法的な方法を重視し、組織形態も執行部中心ではなく開放的な組織形態をとっている。

「経済正義実践市民連合」、「YMCA」、「公害追放運動連合」、「市民社会団体連帯会議」、「公明選挙監視運動本部」、「女性団体連合」などが展開した経済改革運動・環境運動・消費者運動・公明選挙運動は、市民運動のあり方や方向性を提示し、こうした団体の活動により韓国社会も市民社会へと変わり始めたのである。

2　市民運動の現状

一九八〇年代に経済的正義や環境・女性・教育・消費者問題などを中心に拡大していった市民運動は、次第に交通・地方自治・不正腐敗・意識改革・言論・医療・平和・選挙・伝統文化保護問題などに活動分野を広げ、最近はIT産業の発達を反映して情報通信分野での市民運動も展開されている。

このような市民団体の自発的な活動を保障し、健全な発展を支援するために政府は、二〇〇〇年（金大中政権）から「非営利民間団体支援法」を施行している。この場合、「非営利民間団体」とは、営利ではなく主に公益活動をする市民活動団体を指すが、具体的には次のような要件を満たす団体をいう。すなわち、①事業の直接受益者が不特定多数であること、②構成員相互間に利益分配をしない

分野別の主な市民運動団体

活動領域	代表的な市民運動団体
社会改革	経済正義実践市民連合，参与連帯，政治改革市民連帯，人間性回復運動推進協議会，正しい経済同人会
環境・交通	環境運動連合，緑色連合，韓国女性環境運動本部，緑色交通運動，市民交通環境センター，韓国子供安全財団，交通文化市民連合
女性・青少年	韓国家庭法律相談所，大韓主婦クラブ，韓国女性団体連合，韓国女性政治研究所，青少年暴力予防財団
教育・文化	真教育のための全国学父母会，人間教育実現学父母連帯，文化市民運動中央協議会，文化改革市民連帯
消費生活	韓国消費者連盟，消費者問題を考える市民の集まり，緑色消費者連帯，韓国消費生活研究院
社会福祉	愛の臓器寄贈運動本部，障害友権益問題研究所，交通障害人協会，健康社会のための薬師会，キリスト青年医療人会
選挙・地方自治	公明選挙実践市民運動本部，総選市民連帯，参与自治 21，市民自治政策センター
不正腐敗	反腐敗国民連帯，一緒にする市民行動，予算監視市民連帯，不正非利追放市民連帯
意識改革	YMCA，YWCA，興士団，キリスト教倫理実践運動，新社会共同善運動連合，正しい社会のための市民会議
言論	民主言論市民連合，正しい言論のための市民連合，言論改革市民連帯
平和・統一	平和を作る女性会，平和と統一を開く人々，わが民族一つ運動，平和運動連合，アジア平和人権連帯
農民運動	全国農民会総会，全国女性農民会総連合，韓国農漁村社会研究所

こと、③事実上特定政党、または選出職候補を支持・支援することを主な目的としない、または、特定宗教の教理伝播を主な目的として設立・運営されないこと、④常時構成員数が一〇〇人以上であること、⑤最近一年以上公益活動の実績があることなどである。

「非営利民間団体」の要件を満たし、中央行政機関および市・道に登録した市民団体は毎年増えつづけている。二〇〇三年には四六二三団体（中央四八八、市・道四一三五）であったが、二〇一三年には一万一五七九団体（中央一四一三、市・道一万一六六）、二〇一八年には一万四二七五団体（中央一六六二、市・道一万二六一三）と増加している。

各分野別の主な市民運動団体は、前頁の表のとおりである。

3 市民運動の問題点と課題

韓国の市民運動は、民主化過程で社会各分野の民主的改革に大きく貢献した。例えば、富の分配問題、環境汚染と乱開発問題、政治家や公務員の不正腐敗問題などを始め、様々な領域で不合理な制度や慣行に問題提起をし、自ら改善を図ったり、政策代案を提示したりした。こうした活動により市民運動は、中央政府や地方自治団体の政策決定にも影響を及ぼしている。市民運動は、すでに韓国社会を動かす重要なアクターとして確固とした地位を獲得しており、世論形成に大きな影響力を行使している。

しかしながら、韓国の市民運動はその活動方式にいくつかの問題点を抱えており、解決すべき課題も少なくない。

まず、一つ目は、市民運動は、市民の自発的な参加を前提として成り立つ活動である。しかしながら韓国の場合は、運動の主体が一般市民よりは一部の指導者を中心に結成され、指導者中心の活動が行われている点である。つまり、市民の参加があまり行われないまま一部の指導者や中央組織を中心に市民運動が展開されている。このような一般市民に根を下ろさない市民運動は、その活動や持続力に限界がある。こうしたエリート主義的な運動方式から脱皮して、市民の積極的な参加による市民運動を展開することがこれからの課題である。

二つ目は、百貨店式運動方式の問題である。つまり、一つの市民団体が扱う分野があまりにも広すぎて専門性を生かせないことである。こうした運動方式は、運動に対する関心と力量を分散させ、運動を形骸化する恐れがある。さらに、専門性の欠如により問題解決能力や代案作成能力が充足されにくい。一分野のより具体的な問題を取り上げることで、運動力を集中させ、市民の関心や参加を促すことが重要である。最近は単一イシューを取り扱う市民団体が続々と登場し、将来の展望を明るくしている。

三つ目は、同分野に関わる市民団体が乱立して、運動の集中力と効率性を低下させている点である。これは、百貨店式運動方式の弊害でもあるが、こうした同一分野における団体の乱立は社会的な浪費をもたらしかねない。さらに、同一分野のほかの市民団体との連携プレーが機能しないこともあって運動効果が低下している。運動の単一イシュー化とともに市民団体同士の連携プレーが求められている。

第4章　韓国の市民社会の変化とe-ポリティクス

1　市民社会の環境変化

アメリカ国防省の情報ネットワークの「アルパネット」（ARPA Net: Advanced Research Projects Agency Network、一九六九年）から始まったインターネットの歴史は五〇年を越えた。しかしインターネットが市民社会に本格的な影響力を持ち始め、情報化時代の幕開けを象徴したのは、一九九〇年ワールド・ワイド・ウェブ（world wide web）の開始、そして一九九四年一般用のウェブ・ブラウザ「ネットスケープ」（Netscape）の無料普及が始まったときからである。その意味でインターネットが全世界に広がり大衆化が行われてから、わずか二五年あまりしか経っていない。にもかかわらず、インターネットは二一世紀に最も注目される発明となった。

そのわずかな期間のなかで、韓国は現在、インターネットの普及率、スマートフォンの普及率、インターネット利用時間、インターネットの速度、電子商取引の推進状況、インターネットメディアの活性化、そしてデジタル技術の活用による電子政府（e-Goverment）の発展、インターネットを通じた参加型民主主義の実現などの分野において、世界最高レベルのインターネット社会となっている。情報通信技術（ＩＣＴ）分野において、世界最高水準のインフラの構築と活用によるサイバー社会の拡大は、政治、経済、社会、文化、価値観などに、影響力を拡大しつつある。したがって、インターネットが政治・社会分野において及ぼす影響力だけではなく、これによって引き起こされる新たな政治現象（市民参加・権力移動）と政治文化について注目する必要がある。

本章では、グローバリゼーションと情報化による市民社会の変化に注目しながら、世界でインターネット普及率の最も高い韓国社会において、インターネットが政治にどのような変化をもたらしているのかについて分析する。特に、情報技術（ＩＴ）を活用した市民の政治参加、インターネットを利用した選挙運動、市民の政策決定過程への参加など、市民および政治家と政府との関係がインターネット技術の普及によってどのように変化しているのかについて考察する。

1　グローバリゼーションと市民社会

グローバリゼーションと情報化は二一世紀をリードする大きな波である。韓国に限らず、各国はこの大きな波に乗り遅れないように改革を実施し、戦略を立てている。確かに、グローバリゼーションや情報化によって、世界の自由・人権・民主主義・ジェンダーに対する考え方が変化し、それらに関する認識を広く共有できるようになってきた。

しかしグローバリゼーションは、新自由主義モデル（機会平等、すなわち能力主義）の主張する徹底的な能力主義社会（meritocratic society）によって、深刻な結果不平等をもたらし、社会的結束を破壊しかねない。国内および国際間に不平等な状況が生まれ、国際機関や多国籍企業によって国民国家の主権までもが侵害される状況となっている。またグローバリゼーションによる敗者は競争プロセスから排除され、市民としての権利や機会までも奪われることになる。グローバリゼーションによる富は、富める者と貧しい者、いわゆる勝者と敗者という形で明確に配分される。

政治的不平等だけではなく経済的不平等の是正は、より公正な社会を創造するうえで不可欠な条件とみなされてきた。そこで国内政治では福祉サービスの発展と福祉国家の確立がそれを担保する一つの手段と考えられてきた。しかし二〇〇一年九月一一日のアメリカにおける同時多発テロ以後、最も注目されている不平等問題は、国家間の不平等・格差である。

グローバリゼーションは貧困層を拡大させ、不平等を増大させることによって、一つの国を「二つの国民」へと分裂させている。つまり経済中心のグローバリゼーションは「グローバル村」(global village) をもたらすよりも「グローバル略奪」(global pillage) を一般化し、健全な市民社会の出現を妨げているのである。このように市場原理にすべてを委ねると、デモクラシーはむしろ危機に立たされる可能性が大きくなると考えられる。

ここで健全な市民社会の形成のために二一世紀社会の指導原理を模索する必要がある。グローバリゼーションによって萎縮した国家と、資本主義的グローバリゼーションの弊害に対する対案として、市民社会の活性化、また世界の市民社会の連帯・協力が重要なテーマとなる。なぜならば健全な市民社会が存在せず、市場経済の横暴がまかり通れば、市民の存在しない単なる商品消費者のみが存在するゆがんだ社会となるからである。市民の存在しないデモクラシーはあり得ないのである。

自律的に問題を解決し、また国家や市場に対して、批判機能や対案提出機能を果たすと同時に、場合によっては市場や国家を凌ぐ問題解決能力を持っている市民団体・NGO・NPOなどの非営利セクターの活性化に注目していく必要がある。

こうした視点で、市民社会を主導していくNPOなどは、市場の自己破壊性や国家の役割の限界を是正・補完していく最も重要な役割を担っていくものと期待される。二一世紀にはこのような新たな結社体の出現をもって市民文化の復活につなげていくべきである。

市民社会の活性化には、二一世紀最大の変化ともいえる情報通信技術革命がもたらした機会を十分に活用する必要がある。そこでインターネットの普及が市民社会に、また政治にどのような変化をもたらしているのかについて簡潔に述べることにする。

2 情報化と市民社会

経済のグローバリゼーションの原動力となった情報通信革命は、情報の獲得と処理における時間的・空間的制約をなくした。また権力による情報の独占が難しくなった結果、国家による市民社会に対する統制・排除も困難になった。情報化社会の到来は市民社会を強化し、より健全な民主主義の実現に寄与しているといえる。

情報化は独自の地域文化、自立的な地域社会、地方分権化した行政、参加的な政治文化、選択機会の拡大、人間中心の社会、参加型民主主義を特徴とする脱産業化社会を促進している。世界は情報化によって、市場、社会、文化、政治の分野で緊密さを増し、政治的側面では人権、自由、平等などの地球規模での共有、民主化の進展をさらに促していくに違いない。

一方、情報通信手段が情報の民主化、すなわちe-デモクラシーのために用いられないときには、情報ネットワークが国家権力によって国民を監視・統制する手段となりうる危険性も孕んでいる。最近の日本での住民基本台帳ネットワークシステム（「住基ネット」）やマイナンバー制度をめぐる論議もそのような危険性を危惧してのものであった。また情報に対する平等な機会が確保されないとき（情報の格差）には、情報化社会が社会的、政治的、経済的不平等を一層拡大していくおそれもある。今日の社会は、知識情報の所有いかんによってこれらの不平等が生まれる。すなわち、情報の生産と配分に接近できない人々は、経済的不平等を強いられるだけでなく、政治的情報からも遠ざけられ、政治的無関心層になりうる。これは民主政治の代表性の視点から考えれば、多様な社会階層や集団の政治参加を萎縮させると同時に、社会の分裂・亀裂をもたらすことになる。

したがって、個人が何らかの政治的判断や意思決定を行うには、その判断材料となる正しい情報を迅速に得る必要がある。それは民主政治の重要な前提条件となる。その意味で政府や地方自治団体の情報をリアルタイムで迅速に公開することは、住民や国民の基本的権利である「知る権利」をこれまで以上に充実し、保障するうえでも重要である。そこでインターネットの持つ双方向性、迅速性、公平性、さらには時間に制約されないという特性は、市民を政治的無関心から覚醒させ、市民社会を活性化し、時間と場所を超えてデモクラシーを健全に機能させる手段となりうる。

これまで述べてきたように、新自由主義を基盤とする市場経済・能力主義は、民主主義を支えてきた社会的統合・連帯を脅かしている。従来、市場の横暴を抑制してきた国家の能力が、グローバリゼーションによって相対的に弱体化し、「国家」対「市場」という対立図式の下では問題を解決できなくなっている。すなわち、国家は資本主義的グローバリゼーションに不可欠な自由化、民営化、金融の安定化・民主化という流れに逆らうことはできなくなっている。自発的で自治的、公共的な市民社会の活性化が、グローバリゼーション時代の民主主義を保護、維持、発展させるのである。その意味で国家は健全な市民社会におけるパートナーなのである。

3　IT革命と韓国社会の変化

二〇世紀から二一世紀にかけて人類は、高度の電子技術を応用した革命的コミュニケーション技術を開発するに至った。それは社会のあらゆる分野で、既存の概念を今までとは根本的に異なるものへ変革することを要求している。さらには、コンピューターを媒介とするコミュニケーション手段は、人間社会の基本的関係の変化にも多大な影響を及ぼしている。

インターネットは、誰もが情報にアクセスできることで情報の共有を可能にし、市民生活に大きな変化をもたらした。そのためコミュニケーションにおける中央と周辺という従来の区別はなくなり、開かれた空間へと変化していった。ＩＴの発達はコミュニケーションパラダイムの根本的な変革をもたらしたのである。

なかでもＩＴと政治との関わりが、社会の根本的な関係を左右しつつある今日、権力関係、政治関係にそれらがどのような変化をもたらしているのかに注目する意味は大きい。なぜなら、権力関係、政治関係はあらゆる社会的関係に影響を及ぼし、社会秩序や価値判断のみならず行動様式をも新たにしていくに違いないからである。

そこで政治とインターネットの結合がもたらす新たな変化として韓国の事例を見てみたい。韓国では、第一六代国会議員総選挙（二〇〇〇年四月一三日）、第一六代大統領選挙（二〇〇二年一二月一九日）、第一七代国会議員選挙（二〇〇四年四月一五日）で、市民社会の力がおおいに発揮された。それは、国家と市場のあいだに位置する中間組織（intermediary organization）としての自治的・自発的市民団体によって行われる民主主義（associative democracy）が、インターネットによるe-ポリティクスと結合することによって、大きな力を発揮したからである。その影響力は選挙過程と選挙結果によってすでに証明されている。市民が連帯した落選運動は、第一六代および第一七代総選挙において落選対象候補者のうちそれぞれ六八％と六三％を落選させた。また、インターネットによる選挙運動を通じて盧《ノ》武《ム》鉉《ヒョン》候補を大統領に当選させることにも成功したのである。

韓国では、現在（二〇一九年六月）、インターネット普及率は九五・九％で、全世界平均の五八・八％（internetworldstats.com）に比べて、非常に高い水準となっている。スマートフォン普及率も九五％となっている。なかでも超高速インターネット（ブロードバンド）の普及率は世界で最も高く、インターネット接続速度においても（Akamaiの調査、二〇一七年の最終調査まで一三分期連続一位を維持）世界最高水準となっている。またウクラ（Ookla）の最新報告書（二〇一九年七月一四日）によれば、モバイルインターネットの速度も世界一位になっている。このようなインターネット環境の影響は情報の提供や世論の形成において、もはや伝統的な媒体に劣らない十分な基盤を構築しているといえる。例えば、すでに二〇〇五年には、オーマイニュース（http://www.ohmynews.com）のようなインターネットメディアが、メディアの影響力において韓国の既存のテレビ・新聞を始めとする全メディアのなかで、総合六位にランクされ、第一六代の大統領選挙のときには、一日の最大アクセスが六二三万件に達した。

とりわけ注目されるのは、第一六代大統領選挙において、盧武鉉候補を当選させた最大の要因がインターネットによる選挙戦略であったことである。これは政治・経済・社会的に疎外されていた個人に対して、インターネットが新しい対話と参加の様式を提供したからである。つまり対面しないで多くの人々の意見を直接ネット上で展開し、論議し世論の形成を可能にしたのである。

以下では、市民社会の健全化・活性化（自発的な市民団体の活動）を助けるパートナーとしての情報メディア、特にインターネットと政治との関係に注目し、インターネットを通じて参加型民主主義の大胆な実験が行われている韓国での具体的事例を取り上げる。

2　インターネットと政治

1　e-ポリティクスとは

e-ポリティクスは、インターネットを利用して行われるすべての政治行為を意味する。すなわち、現実政治（権力関係と政治現象）がインターネットというネットワークを通じて行われる形態である。しかし用語や概念は一つに定まっておらず、様々な用語が混在して使われている。アメリカではe-ポリティクスという言葉が一般的に使われている。インターネットを利用した政治行為は、実際には民主政治ではない政治制度や政治体制においても使われているために、デモクラシーよりもポリティクスという概念を用いた方がより妥当であろう。これらの諸概念のなかには、高度のコンピューター技術に基づいたコミュニケーション手段によって、政治的利害関係を集約・調整し、利益の表出を行うこと、さらには政治的動員手段である選挙など、政治の全過程に変化をもたらすという意味が含まれている。

このe-ポリティクスの持つ意義は、次のように簡潔に述べることができる。①一般市民の政治参加を拡大すること、②既存の代議制民主主義を補完すること、③参加型民主主義への発展・転換をもたらすこと、④新しい政治過程を要求すること、である。

e-ポリティクスはサイバー空間のなかから発生する新しい政治特性を持ってはいるが、一方では現代民主政治に対する肯定的な側面だけでなく否定的な側面も有していることを見逃してはならない。

インターネットは、特有の双方向性と匿名性、情報開示の平等性、そして不特定多数に対して多量の情報を安価で迅速に伝達できる特徴を持つ。その特質のゆえに、コンピューターに習熟した若い世代が、オンラインを介した政治過程において、新しい政治勢力として登場することになった。

韓国では、e-ポリティクスは一般現象となっている。インターネットによる世論調査は最も迅速で安価に世論を把握できる手段であるし、インターネットを通じて、より多様な政治関連情報や問題提起を共有できるようになった。さらには、このような情報や論議を共有することを通じて、政治的関心だけではなく、政治意識も当然高まっていく。

そもそも「デモクラシー」の根幹には、すべての人々の政治参加を目指す思想がある。そこでITを活用して市民が政治に参加する「e-ポリティクス」は、例えば、閉塞感のある日本においても行政手順を変え、政治に対する有権者の意識を高めていくことにつながるだろう。もともと議会制民主主義とは代議制であり、e-ポリティクスの「直接参加」とは相容れないという側面もある。しかしe-ポリティクスは行政の情報公開を進め、市民の意思表明の場となり、行政評価を行う場面では代議制を補完し、チェックする機能を担うことができる。また何よりも、e-ポリティクスはコストが安いという点も強みである。

このようにe-ポリティクスは、現実政治（代議制民主主義）が露呈している限界や制約要素を補完していくに違いない。例えば、現代の政治活動に必要となる膨大な費用と時間、手間や人的な動員に要する負担をe-ポリティクスの活性化を通じて解決できる。また現代代議制民主主義の問題点の一つである政治的無関心や疎外現象に対して、e-ポリティクスを通じて市民の政治的関心・参加意識を高めることができるからである。

2 間接民主政治から直接民主政治へ―政治の活性化の側面―

現代代議制民主政治の根幹である政党は広くは社会階級の支持を得、また動員を行いつつ大衆政党へと転換し、狭い意味では利益集団の動員を通じてその存在領域を拡大してきた。しかしインターネットは階級と利益集団の動員方法や規模に変化をもたらしている。政党は新しい自己組織化のための方向とビジョンを提示しなければならない岐路に立たされていることも否定できない。

コンピューターにアクセスするだけで国民絶対多数の意思を確認できることは、民主主義の原型である直接民主主義により近づいている証左といえる。したがって、e-ポリティクスの持つ潜在力とポジティブな側面を否定することは難しい。また、e-ポリティクスの登場には代議制民主主義の現実に対する失望や批判が少なからず含まれている。

しかし直接民主主義には、個人の権利が多数の大衆によって侵害される、いわゆるポピュリズム（大衆迎合主義）が民主主義の衣を着て現れる危険性がある。そこでアメリカでは、二〇〇年以上前から直接民主主義の弊害を考え、大衆の声は選ばれた代表によって反映されるようにしたのであり、アメリカ大統領選挙における選挙人団制度もこうした教訓の産物であった。そこで直接民主政治を追求するe-ポリティクスが、代議制民主主義を否定する方向ではなく、健全な代議制が最適に機能するよう問題を提起していく必要がある。

例えば、韓国現代政治においては、議会制民主政治の正当な制度や手続きを無視した政治過程がしばしば見られた。現在、韓国政治において実験が行われているe-ポリティクスが、そのような轍を踏まないためにもポピュリズムや扇動政治に気をつけなければならない。そのためには、インターネット時代には大規模な社会運動団体が中心となる「市民不在の市民運動」ではなく、生活現場における市民運動の日常活動の活性化の方がより重要となろう。

したがって、市民団体が国家権力の濫用を監視・牽制・批判し、政治エリートをリクルートすることも重要であるが、それよりも市民的徳性を涵養し、成熟した市民文化を構築していくことの方が求められる。これこそが社会資本（social capital）となり、政治的無関心や冷笑主義（シニカルリズム）を克服し、公的協力と参加を通じて草の根の民主政治を実現させることができるからである。

3 代議制民主主義の変化と市民社会

大衆社会の政治制度としての代議制民主主義は、その主体となる大衆（構成員）の性格や状況の変化によって大きく影響を受ける。大衆社会は自立的な個人による多元的で自己中心的性格を特徴とする。しかし一方では多数の画一的な意見（多数の評価）が最高の基準となりうる危険性もある。大衆は大衆伝達媒体（mass communication media）を通じて情報を得て、外部との関係を維持している。そこでは大衆社会の意思決定方法である多数決原理が世論の形成・支配と密接に関連している。なぜならば、多数意思としての世論を形成することが現代政治の最大の目標となっているからである。しかしほとんどの場合、個人は特定意見や情報の受信者に過ぎず、それに対する迅速で効果的な反応や情報発信をすることは困難である。

今までは、権威を持つ制度の統制力が大衆社会に浸透し、健全な世論形成に必要な自律性を衰退させてきた。世論形成の問題は代議制民主主義の重要なテーマであるため、これは健全な市民社会の形成にとって深刻な問題であると指摘せざるをえない。いい換えれば、代議制デモクラシーの制度としての多数決原理の陥穽でもあり、代表性の危機ともいえる。

ここで政治的環境としてのコミュニケーション手段の変化、すなわち新しいメディアとしてのインターネットによる政治的コミュニケーション環境の変化を、現代民主政治の活性化につなげていく必要がある。

インターネットの発展は、代議制民主主義を否定してただちに直接民主政治への方向転換を求めるものではなく、むしろ有権者と政治家または政府との関係・距離を縮め、従来の議会制民主政治の問題点を補完することができる。このような手法は実際に、地方はもちろん国政レベルにおいても始まっている。

例えば、e-ポリティクスは、有権者側からすれば自らの声をより的確に政治的意思決定の過程に反映させることができる。同時に、政治家にとってはインフォーマルなプロセスではなく、有権者の声をリアルタイムで簡単に直接聴くことができ、住民や国民の理解を得ながら、よりオープンな形で政策を決定・実施することが可能となる。これは結果的に、市民・政治家・政党に対して、インターネットの影響力が確実なものとなっていることを意味する。すなわち、有権者と政治家、政党、政府との関係の構図に大きな変化をもたらしている。

一般的に有権者は支持政党に不満がある場合、別の政党を支持する。しかし選挙には一定間隔があるので、随時、意思を表示することは困難である。そこで、有権者は政党との一体感を持つことが難しくなり、政党より市民団体運動のような新たな政治機能への参加を選択することになる。つまりインターネットを通じて、直接自らの意見をリアルタイムで表出できる方法を選択するようになったのである。

4　e-ポリティクスの課題

デジタル技術は以上のような市民の政治的参加の新たな機会と可能性をもたらす一方、他方ではいくつかの負の側面もあることを見逃すことができない。健全なe-ポリティクスの定着のためには、インターネット・ポピュリズムの弊害を指摘する必要がある。インターネットの長所のみが強調されているが、現実には「魔女狩り」のような世論の形成もあり得るからである。インターネット媒体を掌握した集団が時代の変化とともに自らを権力集団化し、または政権側と癒着し、市民社会と権力との健全な緊張関係が失われ、権力強化の手段になる可能性も排除できない。情報格差、または情報の不平等は政治過程から排除される社会層を生み出しかねない。以下ではe-ポリティクスのいくつかの課題について触れる。

1　インターネット実名制をめぐる問題

インターネットの掲示板に書き込みをする場合に実名の確認を求めるのか、匿名でよいのか、をめぐっては賛否両論があるが、まず、匿名制の場合には言葉の無差別テロの可能性など、そして実名制の場合には個人情報流出の危険性など、が考えられる。実名制に賛成する側は匿名を悪用したデマや無差別のサイバー攻撃を防げると同時に、健全なインターネット文化を築くためには、サイバー空間と実生活の倫理・道徳が異なってよい理由がないと主張する。いわゆる匿名によるサイバー攻撃の問題である（二〇〇五年に行われた日本の首相官邸や外務省のホームページに対するサイバー攻撃を想起されたい）。相手に対しての誹謗や中傷の情報を流すなどサイバー攻撃は、後でその真実が明らかになったとしても、それによってもたらされた政治的結果は回復することができないことも多い。

一方、実名制への反対者は表現の自由やプライバシーが侵害され、インターネット上での活発な討論文化が萎縮する、と主張する。つまり、国家が表現の自由を検閲する人権侵害の危険性があり、また個人情報流出の危険性も存在するという。このような萎縮したインターネット環境はインターネット関連企業の収益に大きな打撃を与えるであろうと危惧する声もある。インターネット文化の活性化を主張する政府としても、実名性の必要性は認めながらも法制化に踏み切ることは容易ではない。実際、一九九六年にアメリカのジョージア州では、実名制法として「インターネット査察法」を制定しようとしたが、最高裁が「表現の自由」を理由に違憲判決を下したため法制化できなかった。韓国では多くの社会的論議を経て二〇〇三年から本人確認制の導入を決定し、二〇〇七年に情報通信網法にインターネット実名制を実施した。韓国の「インターネット掲示板実名制」は、インターネットの掲示板に書き込みをする場合には、行政自治委員会や信用関連機関のデータベースと連動させて実名を確認する。すなわち、名前と住民登録番号（日本の住基ネットに似た住民登録番号制度）による実名の確認が求められた。

しかしインターネット実名制は実施五年後、二〇一二年八月憲法裁判所は「インターネット実名制が、表現の自由および言論の自由と個人情報の自己決定権などの基本権を侵害する」、「表現の自由を制限するほどの公益的な効果がない」という主な理由で、違憲の判決（裁判官八人全員一致の意見と）を下し廃止となった。しかしながら、悪質な書き込みによる社会問題が絶えず、今なおインターネット実名制の導入を訴える請願は続いている。

2 権威主義政権の武器としてのインターネット

インターネットが権威主義政権の新たな武器となる可能性もある。インターネット民主主義は情報公開と情報保護を伴わなければ、情報の統制・操作を生み出す危険性がある。権威主義政権が不利な情報は公開せず、政治的権力の強化のための宣伝・広報活動にインターネットを利用する可能性も否定できない。したがって、個人情報は徹底的に保護し、公的情報に誰もがアクセスできる機会を保障しなければならない。中国、シンガポール、マレーシアなどの権威主義政権は、インターネット情報通信技術（ＩＣＴ）を効率的な統治手段として利用していると指摘されている。権威主義政権が経済開発にはインターネットを積極的に活用しながら、民主化と関連する政治的情報は徹底的に規制しているのである。中国は電子政府の一環として、インターネットを通じて政府入札に参加できるようにした。さらに家庭相談、健康相談まで提供しているが、すべてのコンテンツは当局の強いコントロール下にある。

現在、中国の人口は約一四億人、そのうちネット利用者は八億人を超える。権力集中で強権政治に拍車がかかる現体制では、アルゴリズムも活用した報道規制やネット規制を道具として、中国共産党が中国社会を強くコントロールしている。実際、中国国内では、グーグル（Google）やフェイスブック（Facebook）、ツイッター（Twitter）、インスタグラム（Instagram）、ユーチューブ（YouTube）、ライン（LINE）など海外の検索サイトやＳＮＳは基本的にすべてブロックされ、アクセスできない。シンガポールの場合も、「e-シティズンプログラム」によって行政サービスに活用する一方、政府と政権党を批判する民間サイトは即刻閉鎖するなどの規制を強化している。

しかし韓国では、言論の自由が拡大され、市民の声を政治に反映しやすい環境、電子政府の活性化は市民と政府の距離を縮めた。

3 情報格差（Degital Divide）の問題

社会の多様な構成層がデジタル技術を平等に活用することを前提にすると、e-ポリティクスのプラス面を評価できる。しかし情報化の進展とともに情報格差もますます広がっている。利用者の属性によっていくつかの情報格差が見られるのである。一般的に知識と情報へのアクセスは経済的階層、性別、世代別、学歴によって不均等に現れる。情報の不平等状態は世界共通の現象であるが、韓国情報化振興院の二〇一八年デジタル情報格差実態調査によれば、一般国民の情報化水準を一〇〇とした場合に、四大脆弱階層（障碍者、低所得層、老齢層、農漁民）の場合は、六八・九％の水準となっている。

例えば、韓国インターネット情報センター（http://www.nic.or.kr）でも、次のような調査結果を発表している。第一に、世代間の情報格差、第二に、学歴レベルによる格差がある。第三に、所得レベルで見ても、生活水準の格差が情報格差として拡大再生産されている。

このような情報の格差はサイバー空間での政治過程、いわゆるe-ポリティクスにおいてもそのまま反映されかねない。その結果、韓国のe-ポリティクスには、若い世代、高学歴者、富裕層などの政治的利害関係や関心度が大きく反映されている。このような情報格差は階層、世代、地域、国家の間でも生み出だされ、政治的・社会的・経済的不平等をもたらすことになりかねない。

以上のようなe-ポリティクスの逆機能は、政策的な努力、持続的な教育、また制度的整備を通じて解決されるべきである。e-ポリティクスをデモクラシーの良質な文化として定着させていくことが、民主政治の主要な課題となっているのである。

3 韓国のe-ポリティクスと政治変動

1 インターネットと選挙

選挙に際し、候補者はインターネットやあらゆる情報技術を利用して自己の情報をより多くの有権者に伝えようとする。また有権者は多くの情報を入手して最善の選択をしようとする。その意味で現代政治におけるメディアの役割は大きい。

一九六〇年、アメリカの大統領選挙で、R・ニクソンとJ・F・ケネディは歴史上初めてテレビ討論を行った。若い政治家ケネディが老練な政治家ニクソンに勝つことができたのは、テレビ討論で若さと迫力あるイメージをアピールし、押され気味の状況を逆転できたからである。実際、ラジオを聴いていた有権者のあいだではR・ニクソンの評価の方が高かった。

アメリカで始まった選挙でのテレビ討論は世界に広がった。フランスでは一九七四年以後テレビ討論が続いてきたが、二〇〇二年四月の大統領選挙でJ・R・シラク陣営は、極右「国民戦線」(FN)党首のJ-M・ルペン候補との討論を拒否した。ドイツでは二〇〇三年九月の総選挙で首相候補のテレビ討論を初めて実施した。しかし最も長い民主政治を経験しているイギリスでは首相候補者間のテレビ討論は行われてない。実際、テレビ討論の影響力が相対的に衰退しているのが現実である。なぜなら、ケーブルテレビやインターネットなどの媒体の普及によって情報を得るチャンネルが多様化しているからである。

韓国は大統領候補者間のテレビ討論を法制化した国である。一九九五年全国地方同日選挙では、初めてパソコン通信による候補者の情報サービスを提供する選挙運動が登場した。その後、韓国経済が国際通貨基金（ＩＭＦ）の管理下に置かれたため、インターネットを利用した選挙過程はそれほど注目されなかったが、二〇〇〇年四月一三日の第一六代国会議員選挙のときから本格的な活用が始まり、e-ポリティクスという用語も登場した。そしてインターネット利用者数やウェブサイトの充実ぶりを考えると、二〇〇二年の第一六代大統領選挙こそが従来の政党理論や選挙パラダイムを急激に変化させたといえる。

そこで、インターネットと選挙の関係について、第一六代および第一七代国会議員総選挙での落薦・落選運動（党公認にさせない運動と当選させない運動）と第一六代大統領選での選挙運動を取り上げてみよう。落薦・落選運動とインターネットを利用した大統領選挙における運動は韓国選挙史上の大きな転換点として注目される。

まず、二回の国会議員選挙（二〇〇〇年、二〇〇四年）における落薦・落選運動である。この運動は政党の候補者公選と選挙過程に市民運動団体が介入し影響力を行使した初めての事例である。不正腐敗に浸かった無能な政治家の情報を公開し落薦・落選運動を行うために、市民団体は連帯して一時的な運動組織として「総選挙市民連帯」を結成した。この「総選挙市民連帯」の落薦・落選運動は、当初（二〇〇〇年一月一二日）四一二の団体が参加してスタートしたが、選挙後の同年四月二〇日の解散までには一〇〇〇あまりの団体が参加していた。彼らは発足と同時に与野党の公認不適格者リストを公表し、政界を牽制すると同時に、選挙活動を監視（http://www.civilnet.net）した。そして、その情報をネット上で公表することで、有権者の判断を誘導することに成功した。

選挙後、憲法裁判所によって市民運動団体による落薦・落選運動が違憲であるとの判決はあったものの、「総選挙市民連帯」の落薦・落選運動が選挙過程や選挙結果から見て、当時、政治的主導権を握っていたことは否定できない。

この市民団体による落薦・落選運動はインターネット媒体を活用することによって大きな成果を得たのである。このことはいい換えれば、前述した市民社会が主導する「結社体民主主義」(associative democracy) と、インターネットが主導するe-ポリティクスとが結合することによって大きな成果が得られたのである。

二〇〇〇年の国会議員選挙における落薦・落選運動は、落選運動対象者についての正確な情報を有権者に提供することが最も重要な目標であった。市民運動団体は候補者に関するあらゆる情報をインターネットのホームページに掲載すると同時に、選挙管理委員会も候補者の兵役、財産、納税、などの情報をホームページに掲載した (http://www.nec.go.kr)。したがって、有権者は候補者について、これまでよりも具体的で多様な情報を把握して代表を選ぶことができたのである。九〇日間の積極的な運動の結果、「総選挙市民連帯」が目標としていた落選対象者(その大部分は有力政治家)八六人中六八・六%に当たる五九人が落選した。またこの運動は、選挙前に政治家を、政界引退や出馬断念に誘導する効果もあった。これは政党政治の寡占的政治カルテルという古い構造に、国民が直接メスを入れる結果となった。二〇〇四年の国会議員選挙では、落選運動によって落選運動対象者(二〇六人)の六三%(一二九人)が落選し、また新人当選者が全体の六三%(一八八人)を占めるなど、政治家の大幅な入れ替えをもたらした。

制度化された政党が存在していても、政党政治が市民の願うとおりに機能しない場合には、市民が政党の新たな制度化を求める、あるいはNGOのような別の代替機構（alternative organizations）の役割を活用して政党政治の問題を解決していく、という二つの方法が考えられる。ここで取り上げた韓国の事例は、後者すなわちNGOを活用した市民社会中心の政治的選択方法であるといえよう。

この市民運動（落薦・落選運動）のもう一つの特徴は、政治体制や国家に焦点を当てた民主化運動ではなく、政党や政治社会に焦点を当てていることである。すなわち、国家の正当性への挑戦ではなく、むしろ正当性を認めたうえで、政治的代表体系の民主的形成を目標としている。その意味では民主化への移行段階から定着（市民社会）を模索する段階に達したといえよう。

次に、二〇〇二年二月の大統領選挙である。大統領選挙で盧武鉉候補を当選させた最大の功労者は「ノサモ」であるといわれる。「ノサモ」とは「盧武鉉を愛する人々の集い」（頭文字だけをとって一般に「ノサモ」と称する）という意味で、韓国初の政治家のファンクラブとしてインターネットを通じて結成され（二〇〇〇年四月一三日）、会員数は二〇〇五年二月現在、全国で約一一万人に達していた。

この組織は二〇〇〇年の国会議員選挙で地域主義の打破を訴え、地元の釜山《プサン》で孤軍奮闘し落選した盧武鉉を惜しむ人々によって、インターネットを通じて自律的に結成された。その後「ノサモ」は、民主党大統領候補選出過程において、党内基盤の弱い盧武鉉を勝利へと導き、さらには大統領選挙時にも世論形成と選挙資金集めに大きな役割を果たした。選挙期間中、一部のメディアが盧武鉉候補を誹謗する報道をすると、彼らは広く知られているインターネットのホームページにそれに対する反論を掲載して、誹謗報道が影響力を及ぼさないよう積極的に活動した。また投票日直前に「国民統合21」の鄭夢準《チョンモンジュン》候補が盧武鉉候補に対する支持を撤回すると、彼らはインターネットを通じて「盧武鉉候補危機」を知らせながら、若い層に投票参加を呼び掛けた。実際、選挙日の午後には多くの若い人々が投票場に足を運んだのである。

このようにインターネットによる選挙活動は韓国政治の新しいパラダイムを創ったのである。政治的無関心または政治的未成熟状態にあると考えられていた二〇歳台の若い有権者が、インターネットで武装し、自らの価値実現や意思表出のために自発的に政治に参加し始めた。つまり、若い世代による新しい政治参加のパターンが始まったのである。

実際、一九九七年の大統領選挙では二〇歳台有権者の構成比は二七・五%で投票率は六八・二%を記録し、五〇歳台以上の世代は構成比が二六・五%、投票率は八九・九%であった。つまりこの二つの年齢層の有権者数はほぼ同数であったが投票率には二〇%の差があった。しかし二〇〇二年の大統領選挙ではこの若い世代が積極的に参加し、彼らが支持する大統領を選出することとなったのである。世代別に見た場合、最大の勢力（有権者数）である二〇歳台、三〇歳台はインターネット世代であり、また盧武鉉候補を支持した層でもあった。

最近、SNS（Social Networking Service）が発達し選挙の最も重要な手段となっている。SNSにはフェイスブック（Facebook）やツイッター（Twitter）、インスタグラム（Instagram）、ユーチューブ（YouTube）といった多様な種類があり、世界的に利用されている。これらのなかで二〇一九年一一月現在、韓国人が最も長時間利用するアプリケーションは、ユーチューブ、カカオトーク、ネイバー、フェイスブックの順になっている（https://www.wiseapp.co.kr）。

そのような影響もあり、二〇二〇年四・一五選挙でユーチューブは選挙の最も重要な武器となった。二〇一九年一二月現在、国内のユーチューブ利用者は約三五〇〇万人を超える（https://www.nielsenkorea.co.kr）。また、国内言論媒体の信頼度においても、公営放送やポータルサイトを超えるメディアとなった。政治家にとっては無視できない巨大な市場であり武器でもある。実際、ほとんどの政治家はユーチューブを活用している。

2　世論形成と政治過程への参加

インターネットは開放性と流動性を根幹にして特定の権力や集団の統制を拒否する二一世紀型媒体として、既存の秩序に対抗する新たな媒体となりつつある。インターネットの持つ双方向性によって、個人は権力や制度による一方的な強制力に左右されず、相互の意見交換と合意によって世論を形成することができる。そこで若い世代は既成世代が握っている既存の政治舞台ではなく、インターネット上に集まって多様な情報や関心事について意見を交換し始めた。特に既成世代が関心を持たなかった領域までも社会的アジェンダとして一つずつ取り上げてきた。

インターネット世代ともいわれる二〇～三〇歳台は、従来、前述したように政治的に未成熟であり政治的無関心世代とみなされてきた。しかし彼らはインターネットで武装し、「政治を傍観する世代」から「政治に参加する世代」へと変化したのである。そのなかからいくつかの事例を紹介してみよう。

まず、二〇〇二年の駐韓米軍車両による女子中学生二人の圧殺事件を契機に全国的に広がった示威運動である。最初は一人のネチズン（インターネット利用者）がインターネットを通じて、追悼と米軍に対する抗議としてキャンドルデモを呼び掛けた。それは次第に広がり二〇〇二年一二月には中高生を含めて数十万の市民が全国的に参加して韓米駐屯軍地位協定（SOFA、一九六六年締結）の運営改善と反戦・平和のためのデモを行った。SOFAに象徴される韓国とアメリカのあいだの不平等関係を批判し、「政府ができないことを我々市民の力で」成し遂げることを宣言した。全国的な示威運動を主導した彼らの政治的意思は、韓米両国はもちろん全世界に発信される形となった。

次に、大臣など主要公職者の人事について国民がインターネットを通じて、候補者の推薦に参加している。国民から推薦をうけた候補者のなかから内定者を決め、その人物に対する国会の人事聴聞会を経て最終的に大統領が決定する。ほかにもビッグ4ともいわれる国家情報院長、検察総長、警察庁長官、国税庁長官に対しても、また公営放送（KBS）の社長選任についても国民の誰もが推薦できるようになった。

このように様々な政治的争点についてネット上で活発な討論などが日常的に展開されている。さらには人事候補者についての事前評価・検証もインターネットを通じて行われている。これらの世論形成や政治的決定はインターネットを通じて行われることが多く、インターネットメディアは既存のメディアに劣らない影響力を持ち始めた。既存メディアの利用者はマスメディアの中央集権的な統制と支配を受け、間接的で制限された「情報の消費者」に過ぎない。しかしインターネットメディアは、積極的情報発進を求める世代・階層の世論形成への参加をもたらし、メディア間の影響力の移動、または「言論権力」の移動現象が現れている。すなわち、既存メディアが握っていた世論形成能力の分散ともいえる。またインターネットを通じて国民の推薦によって選ばれた候補者を国会も無視することが難しくなった。ここに一種のe-ポリティクスと代議制民主主義との衝突が生ずる。

また、韓国ではデジタル技術を活用した電子政府（e-Goverment）が発展し、政府の効率性のみならず、政府と市民との新たな関係をもたらしている。例えば、サイバー空間で公共の情報を公開して市民が活用し、また、オンラインで市民の要求に対する迅速な処理を行う。さらに政策決定過程への市民の参加、などを円滑にすることによって、政府と市民との関係を新たに再構築することとなった。これは新たな形態の電子民主主義（e-democracy）を提示している。

韓国では一九六〇年四・一九学生革命、一九八〇年五・一八光州民主化運動、一九八七年六月民主化抗争など、韓国の現代史の重要な分岐点では結集した市民の力が発揮された。そして二〇一六年に朴謹恵大統領弾劾要求のロウソク集会があった。特に二〇一六～一七年のロウソク集会には、歴史上類を見ない五カ月間の長い間、延べ一五〇〇万人を超える人が参加した。そこにはこれまでの集会とは異なって、ツイッター（Twitter）、インスタグラム（Instagram）、ユーチューブ（YouTube）などのソーシャルメディアが、マスメディアでは遂行し難い様々な役割をが担い、集会を可能にしたのである。

このように現在、韓国では多様な直接民主主義の実験が行われている。しかしこれを可能にするためには、公的情報公開と個人情報保護の制度化が前提となる。韓国では、公的情報に対する国民の知る権利を充足させることを目指して、一九九六年に「情報公開法」が制定された。アメリカではこれをさらに電子情報にまで拡大する「電子情報公開改善法」を一九九六年に制定した。これらの変化は、国民の知る権利が、政府の行うどのような活動情報もそれは「公的情報」であり、結果的に国民に帰属する、という「公的情報の国民所有権」概念に帰結するからである。インターネットはこれらの変化を十分にサポートできる手段となりうる。

このように新しく始まったインターネットを使った直接民主主義的プロセスは、一八世紀以来民主政治の根幹をなす議会制民主主義に対して新たな問題提起ないし変化を求めているともいえる。しかしながら一方では、インターネットを使用した直接民主主義的な政治プロセスは、衆愚政治に陥る可能性を孕んでいることも指摘しておかなければならない。

3 e-ポリティクスの評価・意義

以上、述べたようにe-ポリティクスは、政治が社会を変えるのではなく、社会が政治を変えていくという、大きな変化の可能性を個人に与えるに違いない。個人がネットによって結ばれた成熟した市民社会は、現代政治に対する新しいパラダイムと方向性を提示することとなったのである。

インターネット媒体を介して発言の窓口・舞台を拡張する市民団体・NPO・NGOや進歩的な若い世代は、権力に対する監視と牽制を行う方向へと変化していくに違いない。それは、グローバリゼーションと情報化時代のシンボル語となっている「地球的に考え、地域で行動しろ」(Think Globally, Act Locally) の実践にほかならない。

インターネットの双方向性に基づく情報革命は、韓国の事例からうかがえるように政治的プロセスだけではなく、政治のあり方を本質的に変えようとしている。インターネットは現存するどの媒体よりも開放的で、民主主義を強化する可能性を持っている。しかし民主主義を必ずしも活性化するとは限らない。なぜならば、情報通信技術それ自体は中立的であるがゆえに、民主主義を補完する道具としても、反対に国民を統制・操作する手段としても利用可能だからである。

また、韓国社会ではソーシャルメディアの発達は、「疎通」と「協力」によって共同体を形成し、人びとを繋げる役割とともに、他方では分裂と対立・葛藤、憎悪の手段となり社会の両極化現象をもたらしていることは大きな問題である。

ここでもう一つ、メディアのあり方や再編成という視点に注目しておきたい。現代日本の政治を官僚が動かしているとすれば、民主化以後の韓国の政治を動かしているのはマスコミであるといわれる。国民は選挙を通じて政党や政府の行った政策・決定に対して定期的に審判を行っている。しかし、現代社会で国家権力を超えるほどの影響力を持っているマスコミに対しては、市民による統制が非常に困難である。「国民の知る権利」や「言論の自由」という基本的人権の担い手として、マスコミの健全な役割は重要である。しかし、現代社会ではマスコミが政治を主導することが憂慮されている。現代社会において巨大企業化したマスコミは、場合によっては「世論市場」を市場の論理で支配しようとするからである。その意味でも個人を主体とするインターネットの存在意義は大きく、新たな変革と挑戦をもたらしているといえる。

しかしながら、新しい参加の様式と空間を開拓したe-ポリティクスが発展するための課題としては、まず新しい形の疎外と排除の問題を克服していかなければならない。なぜならば、既成（産業社会）の価値観と生活様式に留まっている旧世代、そして社会・経済的に疎外されている低所得層、そのほかコンピューターやインターネットから隔離されている人々などは、時代の変化から半強制的に追放されているからである。そして、個人情報の保護と情報公開制度が徹底的に実施されなければ、e-ポリティクスの活性化・定着は難しい。また、サイバーテロや個人情報の流出など技術的に解決しなければならない問題も多く残されている。

しかし最も根本的な問題は、人間が科学技術に基づく文明の主体ではなく、むしろそれに支配されていることである。科学技術が社会のあらゆる方向性を決め、価値判断基準や倫理・道徳までも支配する。さらには科学技術が遅れた社会、共同体、そしてこれらを支える思想も結局は疎外されてしまうのである。したがって、人間についての根本的な理解が求められているといえよう。

第5章　韓国の政治文化とナショナリズム

1　韓国の政治文化の形成と変化

1　政治文化とは

文化については多様な概念定義が行われているが、C・ギアーツ（Clifford Geertz）は、「文化は世界観や価値基準などを与え、人間の認識を構成し、それによって、コンピューターのプログラムのように人間の行動を支配する制御装置」であると定義している。そこで、政治がいかに文化によって拘束され、影響を受けるのか。また、文化はいかにして政治性を発揮しているのか。これらについては、文化の下位概念としての政治文化（political culture）という概念が関係する。文化構造のある部分が政治的に機能することを示す政治文化の概念は、「ある国の人々の多くが共有している信念および価値観に基づいて、政治に向けられた個人的態度や志向性のパターン」と定義することができる。

個々人の人格や個性の違いは、個人の底に潜んでいる価値体系の構造的差異によるものであり、人々は学習を通じて自分の属する集団の価値観や行動様式を習得し内面化していく。その学習、いわゆる政治的社会化（political socialization）は、家庭、学校、仲間集団、マス・メディアなどを通じて世代を越えて継承されていく。いい換えれば政治的社会化とは、「政治文化への誘導過程」であり、それによって社会構成員が特定の政治的性向（political orientation）を形成していく学習過程である。この過程を通じて、国家レベルにおいても、その国の社会固有の有力な一つの価値体系が形成されていく。これが国の個性、すなわち伝統、文化、国民性などと呼ばれるのである。

以上の観点から理解できるように、ある社会の人々が特定の方向へと政治的に行動しようとする性向を政治文化であるとすれば、各々の国が同じ制度を導入しても、それを運営する人々の思考方式、態度、価値観によって異なった結果が現れる。したがって、政治制度と政治文化は密接な関係にある。このように各国における政治制度と政治行動とのあいだの不一致現象を説明するときに、政治文化概念を用いることが必要となる。

2 韓国政治文化の形成

政治文化は歴史的産物であり、過去から継承された伝統的要素に現在の要素が加わって形作られるものである。このように政治文化は、各国の伝統と近代とが密接に作用して形成されるものであるから、各国の政治文化の特性は、各国の歴史的経験や伝統、それと現代の政治状況によって大きく異なってくる。以下では韓国政治文化へのアプローチとして、政治についての国民的価値体系がいかにして形成され、変化したか、また、どのような特徴を持っているのかについて述べる。特に、韓国政治文化の形成と変化に影響を与えた儒教的な政治的伝統や植民地支配の経験、現代史の政治過程を中心に考察する。

1　儒教文化の遺産

朝鮮王朝五〇〇年間は、君主制による中央集権的な政治体制で、儒教を根幹とする官僚主義的な支配構造を持っていた。官吏は儒教的教養を争う科挙試験を通じて充員されていた。儒教は朝鮮の統治理念として採択され、その後、朝鮮の政治構造全般に影響を及ぼすだけでなく、人々の意識構造と行動を規定する社会規範となっていた。この儒教的社会規範は、韓国政治文化の形成に持続的で多大な影響を及ぼしたのみでなく、今なお韓国人の行動様式を支配し、韓国の政治過程に大きな影響を及ぼしている。

位階的秩序観を根幹とする儒教的支配原理は、朝鮮の政治文化に多くの問題点や矛盾をもたらした。つまり、位階的秩序観による統治上の差別原理は、結局、社会的葛藤や不信をもたらすと同時に、権威主義と形式主義、不正と排他的な政治文化を生み出した。いい換えれば、中央権威への忠誠を強調する儒教的支配原理は、結果的に、民衆に対しては依存的・消極的・運命的政治意識を、権力側に対しては権威主義・中央集権主義・派閥主義を植え付けたのである。

朝鮮王朝末期の体制危機状況のなかでも、保守支配層は「士農工商」という厳格な身分制度や中央集権的支配体制を変えようとはしなかった。それは結果的に、民族構成員間の相互不信と葛藤・分裂をもたらした。一九世紀半ば以後、朝鮮においても近代国民国家形成のためには民族構成員のアイデンティティの確保が必要であったが、朝鮮では階層間の亀裂と分裂がますます深化していったのである。

くわえて、「仁」と「礼」を重視する儒教の大義名分論は、韓国に形式や名分を重視する政治文化をもたらした。また、儒教の教えを絶対的な善（正）と見て、他の学問や思想・宗教などを悪（邪）と見る韓国儒教の排他性は、韓国政治文化の二分法的思考の源泉となっている。

2　植民地支配の遺産

朝鮮は、一九一〇年、日本に植民地化（韓国併合）されることによって、従来の政治体制は解体された。日本による植民地統治が韓国社会に与えた影響は大きく、政治・社会的影響のみならず、その後の民族の分断に至るまで様々な分野に影響を与えた。主権を失った朝鮮人は植民地支配からどのような影響を受け、どのように反応し、価値観を形成していったのだろうか。

植民地支配下での朝鮮人の生き方は、大別して二つの道があったと考えられる。一つは植民地支配に順応することであり、もう一つは植民地支配に抵抗することであった。単一社会内にこのような二つの対立する生き方が併存することは、単一民族共同体の親和的紐帯関係を崩すだけでなく、民族に相互不信と対立の風土を根付かせることになる。前者の生き方は、どのような政治的激変の時代にあっても、権力に接近することによって生存を保つ、権力志向的な機会主義をもたらした。すなわち、植民地支配に順応する生き方を選んだ人々は、植民地支配勢力から恩恵を受けながら植民地支配に対する協力構造を作り上げていく。このような生き方は、その後の米軍政期にも、軍事独裁時代にも見られた。

後者の生き方を選んだ人々は、国家の独立、民族の主体性と伝統を守ろうとして植民地支配に抵抗し続けた。その抵抗意識は、一方では、抗日武力闘争として現れ、他方では、植民地支配下での社会的秩序や制度に対する抵抗と不信感として現れた。これらの抵抗意識は、解放後の韓国民主化運動のなかに継承されていった。

一方、日本の植民地支配により国家や経済・社会的基盤を失った人々は、よりどころとして一次的集団、すなわち家族を中心とする血縁、地縁などに頼らざるをえなくなった。同時に政治意識の面では反政治的無関心（anti-political apathy）が蔓延し、極端な否定主義が拡散していった。

そのうえ、植民支配体制を強化するためにとられたいわゆる「文化政策」は、朝鮮人の民族意識の喪失と民族の分裂を助長し、解放後の民族分裂と政治的混乱を深化させたのである。

3　現代政治における葛藤と対立の遺産

一九四五年、植民地から解放された朝鮮が、新しい国家建設の過程で直面した最大の課題の一つは、反民族的親日勢力の除去であった。しかし、米軍政と李承晩《イスンマン》は国民の期待とは裏腹に、むしろ反民族的親日勢力を優遇することにより、彼らが国づくりの過程で再び韓国の支配勢力となった。本来なら、朝鮮の解放と独立の時期は、植民地の残滓を清算して新しい政治文化を作り上げるターニングポイントになるべきであったのに、現実は、その反対の方向へ向かっていったのである。つまり、韓国には冷戦体制と南北分断のなかで植民地協力勢力を根幹とする権威主義支配体制が登場することによって、儒教的政治文化や植民地時代に形成された「不信の政治文化」は清算されず、排他性と分派性をさらに深めるネガティブな政治文化がそのまま温存されるようになったのである。

さらに、建国をめぐる国内諸勢力のイデオロギー対立と葛藤、米軍政、南北分断、朝鮮戦争、李承晩政権の独裁政治などは、韓国に寛容と共存の政治文化よりは、葛藤と排他、否定と対立の政治文化を定着させる結果となった。

一九六〇年代になってからは李承晩政権の長期独裁政治に反対する学生の民主化運動が本格化して、支配勢力に対する対抗イデオロギー（民主主義）が登場して勝利した。しかし、その後軍事クーデターで権力を獲得した朴正熙《パクチョンヒ》政権は、反共と経済成長に権力の正当性を求める権威主義的な「開発独裁」を行った。これに対して学生と労働者による民主主義と民衆主義を中心とする抵抗運動が起き、再びイデオロギーの対立が始まった。その対立の構図は、第一に、分断国家の安全保障論理を正当化する「反共主義」に対する「ナショナリズム」の対立であり、第二に、社会の安定と秩序を強調する「権威主義」または「国家主義」に対する市民の自由と権利を重視する「民主主義」の対立であった。そして第三に、権威主義政権の経済的成長に焦点をおいた「発展主義」に対して、正当な富の配分と福祉を強調する経済的「民衆主義」が対立していた。

このように解放以降韓国の政治過程は、支配イデオロギーとしての「反共主義」・「権威主義」・「発展主義」が、抵抗イデオロギーとしての「ナショナリズム」・「民主主義」・「民衆主義」と反日・対立する過程であったのであり、こうした支配イデオロギーと抵抗イデオロギーは今日の韓国政治文化の形成に多大な影響を及ぼしたのである。

政治イデオロギーと政治文化は密接な関係にあり、相互に影響し合う関係にある。注目すべきことは、政治文化はその社会を支配している政治イデオロギーの性格によって大きく左右されることである。支配権力側は権力を正当化し、また維持するために支配イデオロギーを創り上げるのである。しかし、参加型政治文化が発達した社会では、市民社会のなかに対抗イデオロギーが成長し、市民団体が活性化しているので、支配イデオロギーの横暴に対して効果的に対応できる。すなわち、市民社会の成熟・活性化は、支配イデオロギーに基づく国家による抑圧を排除して健全な民主主義を維持するための装置なのである。

韓国の場合は、民主化運動の過程で「民主主義」や「民衆主義」のような対抗イデオロギーが徐々に伝統的な支配イデオロギーを代替する方向に向かっている。これは、韓国の政治発展に望ましいことであろう。

4 歴史・伝統と政治文化の構造関係

韓国人の意識構造と文化は、韓国の風土、歴史、信仰、制度など、複合的な影響によって形成されている。これらは国家というカテゴリーのなかで学習過程を通じて、次の世代に伝達される。つまり、文化とは固定不変のものではなく、歴史的過程での共同生活を通じて形成されていくものである。

したがって、前述した歴史的遺産（朝鮮時代の儒教、植民地、分断体制、民主化過程など）は、韓国社会の支配的な政治文化の形成に大きな影響を及ぼした学習過程でもあった。つまり植民地統治下で経験した歴史的痛み、分断と戦争経験による政治意識の変化、解放後の政治的混乱と民主化過程での経験などは、歴史とともに終わってしまう過去ではなく、それらのすべての歴史・経験は社会のなかに累積され、新たな政治文化の内容として複合化していくのである。

ここで韓国の歴史・伝統と政治文化との関係を規定すれば、朝鮮時代の権威主義と植民地下で形成されたナショナリズム・抵抗意識・権力不信、解放後の西欧民主主義、分断下での白黒論理、民主化過程での抵抗意識と市民意識などは、それぞれ時代背景とプロセスは異なっているが、これらがすべて合わさって現在の韓国の政治文化の特性を現しているのである。また政治文化の特性は絶対的なものではなく、多くの性格のなかで比較的強く現れるという相対的な概念である。

2 韓国の政治文化の特性

1 韓国政治文化に関する諸見解

政治制度と政治文化は密接な関わりを持っており、政治文化の裏打ちのない政治制度は、その社会に根付くことができず、結局、運営や機能の面で混乱をもたらし、制度を逸脱した政治行動が現れやすくなる。

戦後韓国の政治過程を見ると、民主的な政治制度は形式的には存在したものの、政治運営は民主主義とはほど遠い形で行われた。韓国では、一九四八年の憲法制定から現在にいたるまで九回にわたって憲法が改正されたが、それは、権力者が自分の権力を維持・拡大するために国家の根幹をなす憲法を踏みにじった歴史であった。韓国の憲政史は、政治制度と政治文化のあいだの軋轢からもたらされた混乱と激変そのものであった。

また、政治制度と政治文化との関係は、政治文化が政治制度や政治現象に影響を及ぼすと同時に、その逆のこと、すなわち体制や制度が政治的社会化を通じて政治文化に影響を与えるということである。このように政治制度と政治文化が相互に影響し合うということは、政治文化も時間と空間によって可変性を持つことを意味する。

韓国政治文化の特性に関する研究としては、韓国政治文化の特性を韓国の伝統と関連して分析しようとする研究（歴史的アプローチ）と現代韓国人を対象にした調査研究（経験的アプローチ）が主流をなしており、両者は相互に研究の協力と検証を必要とする補完関係にある。

韓国の政治文化に関する既存の研究によれば、数十項目の特性が把握されている。これらの特性は、時代の経過とともに変化しているし、またサブ・カルチャー集団（世代・階層・地域・教育水準など）によって優先順位や反応が異なる。以下ではこれまでの諸研究を踏まえて韓国政治文化の特性をいくつかに要約する。

2 韓国政治文化の特性

1 権威主義

現代の韓国人は、民主的価値観によって民主主義の重要性を正しく認識していながらも、実際の日常生活では権威主義的な儒教的価値観に支配されているといわれている。「民主化宣言」以後、かなり民主化が進んでいるにもかかわらず、未だ国家と国民との関係では権威主義的な統治慣行が根強く残っていることは否定できない。

権威主義政治文化とは、統治権者を中心とする政治エリートの教導主義的支配と国民の服従を基本とする政治文化である。こうした文化では、政治エリートと一般国民の関係が水平的な対等関係ではなく垂直的上下関係として定型化され、この上下関係は、職能関係ではなく一種の身分関係的な性格を持っている。これにより統治者は国家の主人であり、一般国民は臣民であるという認識が国民の意識のなかに内在される。

こうした権威主義的政治文化は、朝鮮王朝の儒教的政治伝統の影響を強く受けている。朝鮮王朝の政治体制は、国王を頂点とするエリート支配体制で、上命下服を根幹とする厳格な位階秩序の支配体制であった。そのため国王の権威は絶対視され、「官」は支配して「民」は服従する臣民型政治文化が形成された。

そのうえ、日本による植民支配下での強圧統治は、こうした権威主義的な政治文化を一層強化させ、一般国民には中央政治に対して依存的・消極的・運命的な政治意識を、政治エリートには権威主義・中央集権主義・派閥主義をもたらしたのである。韓国社会における大統領への権力集中、政党のボス支配体制、中央集権的官僚主義などは、こうした韓国の権威主義的政治文化の現れである。

2 インフォーマルなプロセスの重視

韓国においては組織の運営や人間関係をスムーズに行っていくために、インフォーマル（非公式）なチャンネルの存在が見逃せない。ここには、当事者以外には、問題の状況やプロセスが開示されにくい側面がある。欧米社会のように討論による説得と妥協の過程よりも、非公式な方法での問題解決を好む文化が根づいている。このような文化は制度より人物を重視する思考様式と関連し、さらには公的関係よりは私的関係を重視するという複合的な行動パターンとして現れる。これは「人物中心主義」あるいは「私的関係重視主義」ともいわれる。

解放後の韓国政治の特徴の一つは、政治権力が一人の政治リーダーに集中されていたことである。前述したように解放後の憲法改正の歴史を見れば、一人の権力者の必要に応じて制度改革が頻繁に行われた。制度よりも人物中心に社会が機能することは、韓国の政治文化が「人格化された権力」(personalized power)を形成しやすいことを意味する。人物中心主義的政治過程では、結果的に権威が制度的・法的地位にではなく、その地位にある具体的な生身の個人に集中する。このような人物中心主義は、韓国政治における指導者中心のエリート政治、人物中心の政党運営、権力者への追従などからよくうかがえる。

権威が非人格的な法的地位にあるのではなく、そのポストにある人間個人に集中し、そこに様々なコネ(縁故)を用いて接近していく。コネ、接待、交際あるいは、根回しなどの文化概念が働く余地がある。このように人間関係が組織や制度の運営、政治的プロセスにおいて優先されるのである。

一方、韓国人は、血縁・地縁・学閥などの個人的な人間関係を重視して、公的な問題も私的な人間関係を援用して処理する傾向が強い。公私の区分が明確でないのである。このような私的関係を重視する政治文化は、韓国政治に人脈政治・密室政治・派閥政治・側近政治・私党政治などの弊害をもたらしてきた。

インフォーマルなプロセスを重視する政治文化をもたらした要因には、儒教文化の家父長的家族主義と共同体内部の人間関係を重視する長い伝統が大きく影響している。他にも、すでに述べたように植民地支配、米軍政、朝鮮戦争、革命、クーデター、などの超法規的な内外の経験を重ねつつ、やむを得ず一次的集団に頼らざるをえなかった時代背景によるものであろう。

このような政治文化は、民主政治の制度的機能を麻痺させ、制度は手続き上の形式とみなす傾向があり、制度の本来の役割を形骸化することになる。

3 派閥主義と地域主義

韓国社会に蔓延している地域主義は、韓国の政治体制と支配構造を形成する最も強力な要因となり、政治現象を歪曲し、政治発展を著しく阻害している。政治の世界では政治的信念と政策を異にする党派が競争しているから、党派の分裂と対立は避けられない。韓国の派閥主義は、その歴史的な背景や持続性、その堅固さにおいて他の国と比べにならないほど根強いものである。韓国の派閥は、血縁・地縁・学閥など帰属的な縁故関係に基づいて形成されているため、閉鎖的であり、組織外への排他性と不信感が強く、敵対心を抱きやすいという特徴を持つ。

こうした派閥主義は、地縁と結びついて地域的排他主義を生み出し、地域的性格を色濃く帯びている政党を出現させ、韓国政治を分裂させている。国政選挙では地域感情が反映され、特定政治家の地域縁故を中心として政治勢力が分割されるという中央政治の地域化現象も現れた。地域分割構図下の地政党は、国民的合意の形成過程における全体的視野を欠いているため、社会統合機能を発揮できず社会は混乱に陥りやすい。最近、韓国では地域主義が徐々に緩和されつつあるが、韓国政治文化の代表的な特性としていまだ根強く残っている。地域主義選挙・与野党の極限的対立・政党内部での派閥対立などがその証である。

韓国の政治文化にこのような特性をもたらした要因としては、儒教的名分論、家門を中心とした血縁的家族主義、植民地支配下での民族分裂政策、および解放後のイデオロギー対立などが挙げられる。

4　抵抗性意識

抵抗性の属性としては、政府や統治権力に対する不信、政治家および公務員に対する不信、政治家同士、特に政敵間の不信などが上げられる。抵抗性は基本的に反権威主義的属性を持っており、既存または伝統的権威によって自己の権利が相対的に否定・剝奪されたという素朴な認識から出発する。相対的剝奪感と不平等・差別を認識したときに、自由への欲求の度合いを超えて、強い攻撃性と怒りを伴う抵抗が始まるのである。

韓国民族には昔から抵抗意識が内面化していた。中国など周辺国からの侵略を受けると根強く抵抗して国家や民族の生存を守ったこと、さらに、封建支配勢力の悪政に対する数多くの農民一揆や一八九四年の東学農民戦争（甲午農民戦争）はその好例である。こうした韓国人の抵抗意識は、一九世紀から始まった西洋や日本勢力の侵略に対抗する過程でますます強化され、植民地下での独立運動、李承晩政権下での反独裁闘争、軍部権威主義体制下では民主化運動の原動力としてその力を発揮しながら現在に至っている。

こうした韓国人の抵抗性は、「民主化宣言」以後、肯定的には、権威主義的社会構造の改革を強く唱えながら、政権や政治家を厳しく監視・牽制する市民運動団体の活動エネルギー源として作用している。一方、否定的には民主化過程で政治や政治家に対する不信感が深化し、政治的冷笑主義が拡散され無党派層の増加をもたらした。

5 平等意識

平等意識の属性には、個人の権利意識、民主意識、政治への関心と参加意識、市民意識、進歩的改革意識などが含まれている。平等意識は、前述した抵抗性の出発点でもある。韓国における抵抗性は、基本的に民衆の権利や利益が支配層により著しく侵害されたこと（つまり、支配層と民衆との著しい不平等が生じたこと）により生成され、成長してきた。

朝鮮民族には古くから「弘益人間」（広く人間の利益を求める）や「人乃天《インネチョン》」（人間が天なり）思想のように人間（民）を大切にする思想があった。こうした思想は支配層にも一般民衆にも共有されていた。一般民衆はこうした人間（民）の尊厳を近代的な主権意識の萌芽として自覚するまでには至らなかったが、民衆が一方的に抑圧・搾取されるべき存在ではないことを常に認識していた。そのため、民衆の権利や利益が著しく侵害されれば、民衆は立ち上がり支配層に抵抗した。韓国の歴史に数多く登場する農民一揆や東学農民戦争での抵抗性の基底にはこうした民衆の平等意識が横たわっていたのである。

韓国現代史における激しい労働運動・農民運動・学生運動などはこうした平等意識に基づいた権利の主張であった。貧益貧・富益富（貧者はより貧しく、富者はより富む）の不平等な社会構造を根底から変えようとする運動であって、これはまさに韓国人の内面に潜んでいる平等意識の爆発現象と見ることができる。

6　二分法的思考と白黒論理

二分法的思考と白黒論理とは、物事を「善」か「悪」、「味方」か「敵」、「白」か「黒」、といった二分法的な論理をもって判断する性向をいう。韓国ではこうした二分法的な論理思考が社会全般に広がっている。韓国では討論文化が定着せず、特に、政界では対話政治や妥協政治が成り立っていないといわれる。韓国で政党政治が始まってから、すでに七〇年あまりが経っているが、国会での政策や法律案をめぐる与野党の激しい対立は、依然として改善されるけはいがない。その結果、国会での案件の取り扱いは、野党を排除して与党が単独で処理することが珍しくない。国民のあいだのイデオロギー論争においても保守と進歩のみが存在し、中間的立場をとった場合、灰色分子として非難されるのが常である。対米政策や対北朝鮮政策においても反米か親米か、反北か親北かの態度を明確にするよう強要される。こうした国民や政治勢力の二分法的思考は、ゼロサムゲーム式の社会的対立を招き、政治的混乱と社会分裂をもたらしかねない。

韓国で二分法的思考の政治文化が根付いた要因としては、日本の植民地支配での民族分裂、建国期の左右のイデオロギー対立、国土分断による南北対立、南北分断を政権維持に利用した軍部独裁政治などが挙げられる。特に、分断以後反共イデオロギーの重視は、自由民主主義（資本主義）は「善」であり、共産主義は「悪」であるという明確な対立概念を生み出した。それにくわえ、歴代の独裁政権は、国民動員の手法としてこうした二分法的白黒論理を巧みに利用したのである。

3　韓国政治文化の構造的特徴

政治文化の構造的な特徴は、国や時代によって若干異なっているが、以下では韓国政治文化の構造的な特徴を複合性、可変性、不連続性・断片性に分けて説明する。

一つ目は、政治文化の構造的複合性である。すでに韓国政治文化の特徴を六項目に分けて述べたが、それぞれの政治文化の特性は絶対的なものではない。つまり、前述した六つの特性が韓国の政治文化を代表する絶対的な要素ではないということである。たとえ、韓国政治文化が権威主義的であったとしても、それは権威主義的要素が他の要素より比較的強いということであって、権威主義が韓国政治文化の絶対的な特性であることを意味するのではない。すでに述べたように、政治文化の構成要素は、歴史的変遷過程と民族の様々な経験が反映されて蓄積されたものであったので、それは相互に複合的に影響し合いながら形成されたのである。

したがって、個々の韓国の政治文化は、類似性と異質性を同時に持っているし、伝統的要素と近代的要素が混在しているのである。それゆえに、場合によっては、正反対の行動様式を持つ政治文化が並存することもある。例えば、権威主義意識と市民意識、分派性と共同体意識、抵抗性と服従性、信頼性と不信意識、機会主義と民族的主体性などである。これらの対立する二つの特性が並存しているところに韓国政治文化の顕著な複合性が見られる。

韓国でこのように相容れない内容の政治文化が混在していることは、今日、韓国の政治状況が激しく変動していることを物語っている。植民地支配からの解放・南北分断・軍部独裁・民主化運動などのうねりのなかで変わりつつある韓国の政治文化は、「民主化宣言」以後展開されている民主化の波に乗り一段と流動的な現状にある。

二つ目は、政治文化の可変性である。政治文化は、時空を超えた不変のものではない。つまり、政治文化は、国内外の環境変化とともにその内容が変わるのである。韓国の場合は、解放後の民主主義の導入、南北分断と対立、軍事独裁、民主化運動、冷戦体制の崩壊などの政治的な経験や国内外の政治環境の変化と、急激な経済成長による産業構造の変化、交通・通信の発達、マス・メディアの発展、教育機会の拡大、および人口移動と都市化など、政治の外的環境の変化によって、政治文化の特性がかなり変化した。韓国の政治文化の代表的な特性といわれる権威主義にしても、長いあいだ続けられた民主化闘争過程でかなり風化している。特に、「民主化宣言」以後、権威主義の打破運動は、政治のみならず社会の各分野にまで浸透しているし、最近は政府が率先して権威主義打破をリードしている。権威主義の衰退により韓国では、市民性・寛容性・平等性など、ポジティブな政治文化が力を得ている。一方、地域主義・分派性・人物中心主義・形式主義・二分法的思考と白黒論理・軍事文化などは依然と韓国の政治文化としてその影響力を行使しているが、こうしたネガティブな政治文化に対する国民の認識がかなり厳しくなったことも事実である。

三つ目は、政治文化の不連続性・断片性である。つまり、ある国のすべての社会集団が、同一の政治文化を共有しているわけではないのである。政治文化にもいわゆる「下位政治文化」(sub-political culture) が存在し、階層、世代、地域、教育水準や職業などによって政治に対する態度・行動が異なる。韓国では、エリートと大衆、都市と農村、低所得層と中産階層のあいだには政治文化の乖離が見られる。例えば、政治エリートが民衆よりはるかに非民主的な属性を持っていることが最近の研究結果により明らかになっている。都市と農村の政治文化のあいだには政治文化の変容速度に時差があり、都市の変化が農村より速く、参加型の政治文化の傾向も強く見られる。世代間にも政治文化の乖離は明確に現れている。若い世代は進歩的で、古い世代は保守的であるが、これは韓国だけの特徴とはいえない。さらに、労働者の政治意識は抵抗性と改革意識が強いが、中産階層は安定志向の意識が高い。このように韓国の下位政治文化は、不連続的で断層化していることがわかる。これらの政治文化の違い（乖離）は、前述したように各層間の対立や葛藤をしばしば招く。

3 韓国のナショナリズムの形成と特徴

1 近代化とナショナリズム

フランス革命以降、全ヨーロッパにおいて国民国家の形成という新たな潮流の主役となっていた西欧のナショナリズムについて、J・カウツキー（John Kautsky）は次のように定義している。ナショナリズムとは「単一の言語を使い、その言語によって伝承された文化的特性を共有した人民（people）を一つの独立国家のなかで、その人民の言語によって運営される単一政府への忠誠心として統一させようとする理念および運動」であると。ここでは「言語」と「民族」がナショナリズム成長の核心要素となっている。しかし国家が単一言語や単一民族で構成されていない場合も多く見られる。したがって、言語や民族とは関係なく構成員の共同体に対する忠誠心と心情的愛着心がナショナリズムの概念の核心要素となるのである。

しかし、上記の定義が非西欧諸国や後発開発途上国にも同じく適用できるかは疑問である。なぜならば、国民国家形成の歴史的経緯や時代背景がそれぞれ異なるからである。そもそも近代国民国家の形成に関わる歴史的原動力としては、ナショナリズムと民主主義、および資本主義（産業主義）が考えられる。特に、ナショナリズムと近代化は密接な関係にあり、中産階級が中心となって近代化を推進してきた。しかし、西欧と非西欧地域、あるいは国家によって両者の関係は一様ではない。さらに個別国家の特殊性によって歴史的脈絡から両者（ナショナリズムと近代化）が結合・展開されるので、一般化することは困難である。

ナショナリズムには一般的に、「近代志向」と「民族の保全」を志向する傾向が多く見られる。近年の開発途上国などではナショナリズムと近代化という二つの潮流がほぼ同時に発生した。韓国の場合にも、近代化とナショナリズムは初めから不可分の関係で出発した。韓国・中国・日本のナショナリズムの発生は、外部からの衝撃を直接的な原因とする共通性を有する。韓国のナショナリズムは一九世紀半ばから西欧と日本からの衝撃と圧力が本格化するなかで形成されたのである。

韓国ナショナリズムの形成過程については、一般に次の三つの時代区分をもって説明することができる。第一期は西欧・日本の開港要求から三・一独立運動（一九一九年三月一日に起きた抗日独立運動）まで、第二期は三・一独立運動から解放（一九四五年）まで、第三期は解放から現在まで、である。第一期は封建社会と外国勢力に対する抵抗としてのナショナリズムが形成された時期である。第二期はその基盤のうえにさらに三・一独立運動を契機として、この二つの抵抗エネルギー（反封建・反外勢）が一つに合流し全民衆的な基盤が形成された時期である。その基盤のうえに「近代志向意識」と

「民族防衛意識」が融合し、民衆に受け入れられた。第三期には解放後、独立国家の建設・民族統一とともに、民主主義がナショナリズム原理の一つの前提となり、四・一九学生革命やその後の民主化運動の原動力（理念）となった。政治的自由・平等だけではなく、経済成長過程のなかで民族の経済的自立と繁栄を目標とする民族意識が国民に浸透していった。また民主化以後、様々な市民団体の政治改革運動や親北朝鮮・反米運動、過去清算運動のなかにも、市民主導の民主主義と抵抗的民族意識のエネルギーの噴出が認められる。

そもそも徹底した抵抗を通じて他者（外勢など）に対する認識と自己に対する洞察が深くなり、そこで新たな自我の発見も可能となる。このように韓国においても、外勢の衝撃によって民族意識が芽生え体系化していった。それのみではなく長期的に限定された国土、比較的単一な民族・言語構成、古くからの中央集権国家体制、頻繁な外国との戦争による運命共同体の一員としての自覚・紐帯意識、などの条件が重なることによって、ナショナリズムの起源が非常に古くから根付いていた。

2 韓国におけるナショナリズムの形成―民衆的アイデンティティ形成―

朝鮮王朝五〇〇年を取り上げてみると、典型的な儒教社会で、国家の支配イデオロギーはもちろん、個人の生活そのものが長いあいだ儒教的な影響を強く受けてきた。その影響によって、縦社会の伝統、家族制度、すなわち家父長（男性）中心で、国家的なものを優先させる価値観が、社会構造や法律の仕組みのなかにも根強く残っている。

すでに一七世紀半ば頃から朝鮮社会では、社会の矛盾が深化し、体制崩壊のきざしが出ていた。すなわち、両班《ヤンバン》階層（支配階層）の方が民衆より数が多い逆ピラミッド構造から成る不安定な社会となり、民衆は、政治的、経済的、社会的に、非常に厳しい状況を強いられるようになった。その後生じた、封建的統治体制の矛盾に抵抗する民衆の反乱は、組織的・体系的ではなかったが、全国各地に拡散しながら絶えず頻発した。

このような状況は一九世紀後半になってピークに達した。儒教的価値観や封建的秩序への反発である。換言すれば、儒教的イデオロギーと社会秩序との衝突が生んだ矛盾・限界の表出であるといえる。

東学（民間信仰に儒教・仏教・道教などをとりまぜた朝鮮末に興った新宗教。西学〈西欧思想〉に対抗する意味を持つ）の信徒を中心に全羅《チョンラ》道地域で起きた農民運動は、次第にこれを制圧する政府軍と衝突し、一八九四年には朝鮮南部地方で東学農民戦争（甲午農民戦争）に発展した。これは、急激になだれ込んできた西洋の文化を排除する反外勢と封建的身分社会の撤廃（「人乃天《インネチョン》」思想を主張）を求める反封建運動が一体化した民衆の闘争であった。

この東学農民戦争を押さえるために朝鮮王朝は中国（清）に援軍を求めた。しかしそれに対応して日本が勝手に朝鮮に出兵し、やがて、朝鮮半島を舞台に日清戦争が勃発する。このように、国内外の諸勢力に抵抗（反封建・反外勢）する形で、民衆の意識が高まり、次第に民衆闘争の組織化も進んだ。

開国（一八七六年）後、資本主義勢力の侵略によって朝鮮王朝体制の矛盾は深化し、一部の知識人と農民層全体の政治・社会意識は成長していった。朝鮮王朝政府は民衆の反封建運動を抑えるとともに、民衆を排除した国王中心の中央集権体制をもって欧米の列強に対応しようとした。しかし、それは結果的に民衆を国家体制のなかに取り込むことができず、民衆と支配階層の分裂をもたらしたのであった。その後、日本によって国権は奪われ、民衆は新たな支配者となった日本の植民地支配に抵抗して、独立運動へと向かっていったのである。朝鮮では支配階層よりも民衆の方が反体制や独立運動の中核となっていた。

このように韓国のナショナリズムは、封建的な身分社会への抵抗過程で形成された要素（国内的要因）と、外国勢力に刺激されて生まれた要素（国外的要因）とによって構成されている。この二つの要因によって形成されたナショナリズムは、「抵抗ナショナリズム」としての基本的性格が非常に強い。つまり、民族としてのアイデンティティが、外国勢力に対する抵抗、または支配勢力に対する抵抗という形で形成されてきた。国家全体の視点からすれば外勢への抵抗のときには統一された強力なナショナリズムによって民族的アイデンティティが形成されるが、一方、国内の支配勢力への抵抗のときには民族的アイデンティティが分裂（支配勢力対抵抗勢力）する亀裂のなかに民衆は置かれた。しかし、政治的・経済的・社会的に疎外され、抑圧されてきた弱者や貧困層としての民衆は、実体的な概念として韓国の近現代史のなかで常に存在し、やがて社会を動かす原動力となっていったのである。

解放後、韓国は自主独立国家の樹立過程において、朝鮮王朝の正統性を継承（立憲君主制）して民族的アイデンティティを収斂しようとはしなかった。前述したように、反封建・反外勢として抵抗する過程のなかで形成された「抵抗ナショナリズム」がそれを認めなかったからである。すなわち、韓国社会における民衆的アイデンティティや民衆のエネルギーは、民主主義と近代化との親和性を持つ「抵抗ナショナリズム」として現代政治の舞台に現れたのである。

3　解放後の韓国のナショナリズム

民族国家を形成・維持しようとする願望をナショナリズムであるとすれば、ナショナリズムなしに民族国家は形成しえないことになる。ナショナリズムとは対外的には独立を、内部的には統一された政治秩序、すなわち国民全体の一体感をもたらす政治体制の構築を志向する持続的な運動およびイデオロギーであって、一時的な感情や衝動ではないからである。したがって、ナショナリズムは一つの社会が近代化を推進していくうえで不可欠な建設的エネルギーであるべきである。

以上のような観点から、一九四五年の解放後の韓国は、民族国家の形成を渇望するナショナリズムと自主的近代化の実現という二つの難題に関心とエネルギーを集中しなければならなかった。しかし解放後の朝鮮半島では、南北分断状況が単一民族による単一民族国家の形成を妨げたのである。近代化の実現のためには民族の統一したエネルギーが求められたが、分断状況はそれを難しくした。左右勢力のイデオロギー的対立によって韓国のナショナリズムもイデオロギー的に分裂し、統一についても解釈や方法が両極化した。したがって、韓国のナショナリズムは、分断国家という特殊性のゆえに、その存在形態において他の開発途上国とは異なる特徴を有している。

韓国のナショナリズムのエネルギーは分裂し、また権力者により政治的に利用されたのである。しかし、韓国社会にはナショナリズムが根強く潜在しており、それが韓国と外部との深刻な葛藤や紛争が起きるたびに感情的な表現を伴って突如として表出される。さらに、政治イデオロギーの内容やナショナリズムの担当勢力によってナショナリズムの内容・性格が変化する。

このように韓国社会の置かれている歴史的背景や地政学的状況からナショナリズムの特徴を考察す

ることが不可欠である。特に、解放後の韓国ナショナリズムは「分断体制」との密接な関係、とりわけナショナリズムと分断体制との相互補完的な関係のなかで強化されてきた。つまり、「分断体制」の持つ特殊要因（すなわちイデオロギー的要素・国際状況、民主化・近代化）との複雑な関係をもって韓国ナショナリズムは表出されたのである。韓国ナショナリズムは社会状況と関連して次のような特徴を持っている。

第一に、共産主義との対立・競争という状況論理が強調され、共産主義は韓国ナショナリズムの敵対物となった。つまり韓国ナショナリズムはイデオロギーとしての共産主義に対して「抵抗ナショナリズム」となって現れたのである。強力な「反共」イデオロギーと国民的エネルギー（韓国ナショナリズム）が強く結びつくことになったのである。

第二に、国際状況の変化、すなわち国際社会の変化がもたらす危機状況・緊張・脅威などが韓国ナショナリズムを確立してきた。外からの刺激は韓国のナショナリズムの成立・形成の主要要因となって、その反動として民族的・文化的アイデンティティを確立してきた。解放以後、歴代政権のほとんどは、しばしば国際状況の変化・国際化をもって、国家・民族の危機として認識した。しかし時には政権の危機であったにもかかわらず、あたかも国家体制の危機であるかのように国民世論を操作し、国民の支援と団結を刺激する「抵抗ナショナリズム」に訴えた。

第三に、民主化との関係では、前述したように韓国ナショナリズムは近代ナショナリズムの形成過程において伝統的に民主主義との親和性を持っていた。朝鮮時代の「反封建運動」、植民地統治下での「反植民地運動」（独立運動）、権威主義体制下での「民主化運動」などは、韓国国民を強力にひきつけた。特に、韓国の「民主化宣言」は抵抗ナショナリズムと民主化運動が結合して成し遂げられたものである。

第四に、すでに述べたように近代化は、国民国家の成立と不可分の関係にあり、国家・民族の目標がそこに集中された。特に権威主義体制や軍事政権にとっては、近代化・資本主義化・経済成長のためにナショナリズムを動員し、国民のエネルギーを集中させる必要があった。近代化・経済成長は政権の正当性をもたらすための不可欠の要素であったからである。

以上のように解放後の各政権は、韓国社会において伝統的に形成されていた「抵抗ナショナリズム」を最大限に利用し、そのエネルギーを「反共」・「反日」・「反米」・「近代化」（経済発展）に向かわせたことはいうまでもない。これらの抵抗イデオロギー、すなわち韓国ナショナリズムのエネルギーは、政治的正当化の資源（手段）としても転用されていたのである。

今日では、グローバリゼーションを普遍的なもの、ナショナリズムを閉鎖的で侵略的なものとして、ナショナルなものを排除し、グローバルなものが強調されている。しかしながら、日・韓・中の三国間には歴史や領土の問題がナショナリズムを刺激し、相互不信と相互対立の機運が高まっている。グローバリゼーションと情報化のなかで、各国は相手国のナショナリズムの熱気に対しては敏感に反応しながら、自国のナショナリズム現象には無感覚になりがちである。

前述したように韓国のナショナリズムは、近現代史において社会変化のエネルギーとして大きく作用してきたが、時には権力に動員されるというネガティブな側面も多く見られた。自らを相対化しながら国家や民族にアイデンティティを求めてきた近現代の歴史を考えれば、短時間のうちにナショナリズムが消滅することはないだろうし、それを完全に否定することもできないだろう。

さらには、ナショナリズムのもつ閉鎖性や対立・攻撃性のゆえに、ナショナルなもの（各国の多元性と個性）を排除し、グローバルなもの（多元社会の一元化・標準化）だけを強調することにも問題があろう。なぜならば、グローバリゼーションの下では各国が自国の固有性をもって世界に参画することによって、世界はより多元的・創造的に発展できるからである。

したがって、これからの韓国は、閉鎖的あるいは排他的なものではなく、相手との共生と調和を模索するより「開かれたナショナリズム」を指向することによって、豊かで創造的な地球社会の建設に寄与する役割を担うべきである。例えば、ＥＵが模索しているように、ナショナリズムのエネルギーを、国家を超えたより普遍的な価値や共通のビジョン（国家市民からＥＵ市民へ）を追求していくエネルギーとして生かすこともできよう。

第6章 韓国の外交と南北関係

1 韓国の外交政策

1 韓国外交政策の目的

外交政策とは、ある国家が他の国家あるいは国際的実体（例えば国連）を相手として、国益の観点から定義された特定の目標を達成するために展開する戦略や、計画された行動方針といえる。外交政策の目的は、ある国家が与えられた国内・国際的環境の下で自国の利益を最大限に確保することであり、各国に共通する一次的な外交政策目標は、国家の安全と繁栄の確保である。そのほかにも各国は、様々な外交政策目標を掲げているが、そうした目標も究極的には国家の安全と繁栄に還元される。ところで、韓国の外交政策目標としては、安全保障、経済発展、南北統一、国際社会での影響力拡大、国際平和の確保などが掲げられる。まず、安全保障であるが、韓国は、歴史的に長いあいだ周辺国から絶えず侵略や干渉を受け、政治的従属や植民地支配を経験した。また、大国により国土の分割占領と南北分断が行われ、同民族間の戦争を余儀なくされた。こうした歴史的・現実的な経験と事実から韓国外交政策の最優先目標は、国の安全保障であり、韓国の外交政策は、この目標を達成するために他の外交政策目標が従属する形で行われた。韓国が韓米防衛条約を最優先視し、一方的にアメリカよりの外交政策を取り続けているのもこうした事情が反映された結果である。

次は、経済発展である。経済発展は、国民の福利を増進させるとともに安全保障のための軍事力の強化にも欠かせない条件である。ほとんどの国の対内外政策の目標が富国強兵であることは、経済力と安全保障の関係がいかに密接であるかを明らかにしている。韓国が朝鮮戦争以後長いあいだ、安全保障をアメリカとの軍事同盟に依存しながら経済成長に力を入れていることは、経済発展が韓国の外交政策の重要な目標であることを物語っている。

また、南北分断により民族の生存と繁栄が著しく脅かされている韓国にとって南北の統一は、喫緊な民族的課題であり外交政策の基本目標である。南北の軍事的対峙は、民族を破滅に導く可能性を有しており、南北の分断は、韓国の対外政策を大きく制約している。南北分断により韓国が長いあいだ社会主義国家との国交を樹立できなかったことは、政治的・経済的損失を被ったよい例である。さらに、南北分断は、国内政治を歪曲させ、軍部独裁政治を正当化する口実として機能してきた。そのため韓国民は長いあいだ軍部権威主義政治に我慢するしかなかった。

次に、国際社会での影響力拡大である。政治的・軍事的に小国であり、分断国家である韓国は、国際社会での発言力が弱く、大国の利害関係により国運を左右されることが多い。韓国の中長期外交政策目標は、こうした状況を打破して国際社会で韓国の影響力を強化することである。そのため韓国は、国連への加盟、ＰＫＯ活動への参加、北方政策の推進、アジア地域共同体結成の推進、湾岸戦争やイラクへの軍隊派遣、北朝鮮への経済支援、国際ＮＧＯ活動への参加などを積極的に行っている。

最後は、国際平和の確保である。韓国は、国際環境の影響を大きく受けている国である。政治や安全保障のみならず、経済面からも原材料と市場を国際社会に求めなければならない韓国にとって、国際社会の平和と安定は欠かせない条件である。特に紛争の可能性が高い東アジア地域に位置している韓国は、この地域の平和維持に力を入れてきた。李承晩《イスンマン》政権の「太平洋同盟」構想、朴正熙《パクチョンヒ》政権の「アジア太平洋理事会」（ＡＳＰＡＣ）の創設、盧泰愚《ノテウ》政権の「東北アジア平和協議体」構想、金大中《キムデジュン》政権の「東アジア共同体」構想、盧武鉉《ノムヒョン》政権の「東北アジア時代」構想、朴槿恵《パククンヘ》政権の「東北アジア平和協力」構想、文在寅《ムンジェイン》政権の「東北アジアプラス責任共同体」構想などは、地域および国際社会の平和と安定を保つための試みであった。

2　外交政策の決定要因

外交政策の決定要因とは、国家が外交政策を決定する際に影響を及ぼす要因をいう。一般的に外交政策の決定要因としては、個人的要因、国内的要因、国際的要因、環境的要因に大別することができる。個人的要因としては、最高政策決定者の政治的性向・属性・価値観や世界観などがある。国内的要因としては、個別国家の政治体制・権力構造・官僚構造・経済や社会構造、世論などがあり、国際的要因としては、主要国家の政策方向・地域体制・国際体制などがある。また、環境的要因としては、冷戦あるいは脱冷戦環境・地政学的環境などがある。二〇世紀以後、国際社会では相互依存性の拡大により個別国家の主権領域は次第に縮小され、国内問題も国際化され、国際問題はただちに国内問題になった。このように国内外のすべての環境的要因は、個別国家の対外政策に影響を及ぼしている。韓国の外交政策もこうした要因が複合的に作用して決定されるが、韓国の外交政策決定に最も大きな影響を及ぼした要因としては、強力な大統領制を中心とする政治権力構造、東西冷戦という国際体制、そして南北分断体制を挙げることができる。以下その要因を要約し、考察する。

1 政治体制および権力構造の要因

政治体制や権力構造は、外交政策決定の重要な要因である。権力構造が民主的であるか否かによって政策決定過程は異なるし、政策内容も異なってくるからである。大統領に強力な権限が与えられた権威主義的政治体制が長く続いた韓国の外交政策決定は、民主的・開放的・多元的な構造ではなく権威的・閉鎖的・一元的な構造の下で行われた。そのため権威主義体制下での韓国の外交政策は、大統領を中心とする一部の政治エリートによって独占されていたといえよう。その結果、外交政策決定に最高政策決定者の政治的信念が大きく反映されたり、外交政策が政権維持に利用されたりした。「民主化宣言」以後、政治体制の民主化が進むにつれ、外交政策決定過程においても民主的・開放的決定システムが重視される傾向が現れている。ところが、大統領の権限が依然として強く、中央集権的な政治体制の限界もあり、抜本的な改善はなされていないのが実情である。

2 国際環境の要因

韓国の外交は、厳しい国際環境に制約され、行使しうる影響力もきわめて限られていた。特に、アメリカの強い影響下に置かれていた韓国において、米ソ冷戦体制は、韓国の外交政策の選択肢を極端に制限した。冷戦構造下での韓国の外交政策は、二者択一を強要され、外交政策に多様な選択肢は存在しなかった。アメリカの対外政策路線に追従せざるをえなかった歴代の韓国政府にとって、アメリカの対外政策のバロメーターであった。つまり、韓国のアメリカ依存的政治構造は、韓国外交政策路線は、韓国外交の自律性・多様性を妨げ、外交を単調なものにさせたのである。その意味で冷戦下には、韓国の自律的な政治・軍事外交は、事実上存在しなかったといっても過言ではない。脱冷戦と文民政権の出現により、こうしたアメリカよりの一方的な外交政策は、改善に向かってはいるが、対米自主路線を掲げた盧武鉉政権においても根本的な改善は難しかったのが現実である。反対世論にもかかわらず二〇〇四年、イラクへの派兵を決定したことは、その事情をよく物語っている。アメリカ重視の外交政策は、その後の保守政権はもちろん、進歩派の文在寅政権においても続いている。

3 南北分断体制の要因

韓国の外交政策の内容を決定するもう一つの大きな要因は、南北分断体制である。

朝鮮半島の南北分断体制は、韓国の外交政策を保守化させ、外交の幅を大きく制限した。北朝鮮との軍事的対峙は、韓国として安全保障外交を最優先させ、他の外交政策は安全保障外交に従属する形で行われた。韓国は、冷戦体制が崩壊し北朝鮮との関係が改善されるまで、共産国家と国交を結ぶこともできなかった。韓国がソ連や中国と国交を正常化したのも、国連に加盟したのも北朝鮮との関係改善がなされてからのことであった。分断体制のため韓国は、進歩的な対外政策を展開することができず、アメリカよりの偏った外交政策に我慢するしかなかったが、南北関係が以前に比べ改善された現在も分断体制は、韓国の外交政策決定にとって最も大きな変数として作用している。

3 外交政策の決定機構

1 大統領と大統領直属機関

大統領

大統領は、国の最高政策決定者である。したがって大統領は、憲法に定められた外交に関する権限（条約の締結および批准権、外交使節の信任・接受・派遣権、宣戦布告権および講和権など）のみならず外交政策の最終決定者として外交政策決定に強力な影響力を行使している。特に韓国の場合、軍部権威主義体制であったこと、北朝鮮との軍事的対峙による迅速な政策決定の必要性などから大統領の外交政策決定における影響力は、非常に強い。それぞれの大統領によって異なるが、重要な外交政策は、大統領単独またはその側近らによって計画され、執行された場合が多かった。こうした大統領の独断的な対外政策決定に対して国民の反発がなかったわけではないが、安全保障外交を重視せざるをえない状況から国民の多くは大統領の指導力に期待をかけていた。

大統領秘書室

大統領の外交政策決定を至近で補佐している機関が秘書室である。秘書室には大統領の政策補佐をする首席秘書官がおり、秘書官らは大統領に外交政策決定に必要な資料や情報を提供するとともに政策を諮問している。大統領によっても異なるが、外交政策決定に当たって、担当部署である外交部の政策代案や提案よりも秘書室の意見が優先されて、外交部と秘書室とのあいだに摩擦が生じたこともある。文民政府の登場とともに、政府組織上の政策決定システムを利用した政策決定が図られるようになっている。

2 行政府

外交部

外交部は、外交政策の立案と執行の任務を有する行政部署として日常的な外交業務のみでなく国家の重要な外交政策の立案と執行を担当している。外交部は、外交業務の担当部署であるが、外交上の日常業務を担当するにすぎず、外交政策決定そのものにはあまり影響力を持っていないとの指摘もある。しかし、外交の専門部署として情報の収集や分析などに大きな能力を有しており、またそのための組織も膨大である。外交部が収集した情報が大統領を始め政府の関連部署に提供され、判断の基準となることから、外交政策決定に及ぼす影響力は決して小さくない。

統一部

統一部は、対北朝鮮政策の担当部署として、統一問題を始め北朝鮮に対する政策立案や情勢分析などを担当している。対北朝鮮政策は、一般外交政策と密接に関連しているため、統一部は国際政治情勢の推移と朝鮮半島周辺の国際政治情勢を常に研究している。北朝鮮に対する統一部の情勢分析や研究結果は、韓国の対北朝鮮政策のみでなく他の外交政策決定にも影響を与えている。韓国外交の最優先課題が安全保障であり、安全保障外交の要が対北朝鮮関係であることから、韓国外交に占める統一部の重要性はますます高まりつつある。金大中政権以来、南北関係がより密接に発展したことから統一部の位相も高まり、盧武鉉政権では与党の最有力政治家が副総理級の長官に就任して指揮を執った。しかし、李明博政権と朴槿恵政権のように保守政権では統一部の位相が低下する傾向がある。強硬な対北朝鮮政策と南北関係の停滞によるものである。文在寅政権では、再び統一部の役割が重要視されている。

国　防　部

国防部は、国際政治、国家安全保障、軍事戦略分野、経済産業分野の情報収集とその分析を行い、外交政策に影響を及ぼしている。海外では海外駐在大使館に武官を派遣して各地域の政治・経済状況に関する情報を収集している。国防部は、軍内部に情報機関を置き、軍内部のみでなく国内のあらゆる分野で情報を収集し、それを軍部政権維持に利用したこともあった。文民政権の登場と南北関係の改善により国防部の地位も弱まり、外交政策に及ぼす影響力も低下したことは事実である。特に盧武鉉政権は、国防部の文民化を進め、国防部の外交政策に及ぼす影響力はさらに低下した。しかし、南北の軍事的対峙が解消されない限り、莫大な国防予算、組織、人員、そして海外情報網を持っている国防部と軍の影響力は当分のあいだは維持されると思われる。

経済関連部署

冷戦の崩壊とＷＴＯ体制の発足そしてグローバル化の拡大に伴い、通商外交の重要性が強調されるようになった。その結果、経済関連部署（企画財政部・農林畜産食品部・海洋水産部・産業通商資源部など）の外交政策への参加が保障されている。近年は、ＦＴＡ（自由貿易協定）締結に伴う農産物市場の開放問題などをめぐって、関連部署間の軋轢も生じている。

国家情報院

国家情報院は、国内外すべての情報を収集、分類、分析、評価し、外交政策立案に必要な情報を提供する国内最高情報機関である。国家情報院長は、国の外交・安保・国防関連会議に出席し情報を提供したり政策代案を提案したりする。さらに、重要事案に関しては大統領と直接対面して意見を述べることもできる。国家情報院は、軍部政権下では中央情報部（KCIA）として野党に対する政治査察を行うなど政権に利用されたことがあったが、文民政権以後、政治査察など国内政治への関与が禁じられ、国家安全保障、国際政治、軍事戦略部門の情報と経済関連情報の収集と分析に専念するようになった。

3 国会

権威主義政権下での韓国の国会は、行政府に比べその権限が制限されていたため外交政策決定における影響力は大きくなかった。しかし、「民主化宣言」以後、大統領の国会解散権と非常措置権（もともとは自然災害や戦時に発動する緊急命令権であるが、軍部権威主義体制下では反対勢力を弾圧したり、国民の基本的人権を制限するのに悪用された）が削除され、国政監査権も復活することにより国会の行政府に対する牽制能力も向上した。国会の外交に関する権限としては、条約の締結や批准に対する同意権、宣戦布告や国軍の海外派遣に対する同意権などがあり、予算審議や国政監査、聴聞会などを通じても影響力を行使することができる。しかし、韓国の国会は、外交問題に関して、行政府より専門性や情報収集能力面で劣勢であるため行政府主導の外交政策を効果的に牽制することができないのが現実である。

4 世論

権威主義政治体制下で政策決定過程から疎外されていた世論は、「民主化宣言」以後様々なチャンネルを通じて外交政策決定に参加するようになった。これは、権威主義政治体制下で大統領や一部の権力エリートにより独占された外交政策決定過程が、民主化以後公開され、一般国民が外交政策に関心を持つようになったためである。また、国際情勢に関する情報や知識が自由に往来するようになったことも、そうした傾向を促した。近年は、若者を中心としてインターネットを利用した政治参加が盛んになり、韓国軍の海外派遣問題などをめぐって活発な議論が行われ、政府の外交政策決定に少なからぬ影響を与えている。

4 韓国外交の課題

韓国外交の課題としてまず指摘されなければならないのは、外交的独自性の回復である。冷戦体制が崩壊して、国際情勢が大きく変わったにもかかわらず、韓国の外交は依然としてアメリカに大きく依存している。特に、安全保障面で北朝鮮の軍事的な脅威を抑制するうえでアメリカの支援が欠かせない韓国としては、アメリカからの外交的な独自性を確保することは決して簡単なことではない。

韓国がアメリカからの外交的独自性を獲得するためには、まず北朝鮮要因を解消することが重要である。そのために韓国は、北朝鮮との関係を能動的に改善していくとともに自主国防の実現に力を入れなければならない。さらに、アメリカのみでなく中国・日本・ロシアと協力して朝鮮半島の平和体制構築に外交力を集中する必要がある。民主化以後、対米自主路線を主張する世論が高まり、政府も世論を背景にアメリカに対する発言力を強めているが、アメリカとの関係は、韓国の国益に大きく関わる問題であり慎重な対応が求められている。感情的な対応ではなく長期的な戦略に基づいて国際情勢を見極めたうえで対米外交を進めていかなければならない。

次の課題は、南北分断体制の克服である。南北分断によって韓国の外交政策は、大きく制限されていることはすでに述べた。近年は、南北関係の改善や韓国の民主化の進展、北朝鮮の国力の衰退などにより、韓国の外交政策決定における北朝鮮要因は次第にその重要性が低下している。しかしながら、北朝鮮の強力な軍事力は韓国に深刻な脅威を与えている。その結果、韓国は安全保障外交を重視せざるをえなくなり、外交の独自性が著しく阻害されている。また、北朝鮮の核開発やミサイル問題などをめぐってアメリカと足並みが揃わないことや、脱北者などの問題で中国との関係が悪化することも、韓国外交の阻害要因になっている。

南北分断体制の克服は、究極的には南北統一により解決されるものである。しかし、南北統一の実現には時間がかかることが予想されるため、まずは南北関係の根本的な改善が行われなければならない。韓国政府は、対北政策に自信を持ち、政策の一貫性を保つことにより南北関係を安定させ、対外政策における北朝鮮要因を縮小しなければならない。

韓国外交におけるもう一つの課題は、外交力の増進である。韓国外交の弱みは、すでに述べた外部的要因のみでなく内部的な要因によるところが大きい。その一つ目は、外交政策決定システムの問題である。つまり、韓国における外交政策決定は、国民的な合意に基づいて決定されるよりは大統領を始め一部の権力エリートや官僚により閉鎖的に決定される場合が多い。そのため重要な外交政策が党利党略や政権維持のために利用されたり、国民の合意を欠いていることから外交政策の遂行に様々な障害が生じている。二つ目は、外交政策決定部署間で情報交換や外交政策をめぐる政策調整がスムーズに行われていない点である。各部署は、関連部署との政策協議や調整を行わないまま独自に情報や政策を大統領に提供・提案することにより、合理的な政策決定を難しくしている。こうしたことは政策決定における大統領の影響力を増し、大統領の独断的な決定を可能にしている。三つ目は、外交専門家、特に地域専門家の養成が不十分なことである。最近の外交では、政治・安全保障外交のみでなく経済・通商外交の重要性が増大している。韓国の場合は統一外交のための専門家も必要である。こうした広い分野の外交に対応するためには各分野の専門家の養成はもちろん、場合によっては、民間団体や研究者などの人材を活用して外交能力を増進しなければならない。さらに、民間部門の外交政策研究結果を政府の政策立案に反映することも重要である。つまり、政策研究と政策立案との連携プレーを通じて外交の質を高めることが求められている。

2 南北関係

1 冷戦期の南北関係

1 李承晩政権期（一九四八～一九六〇年）の南北関係

一九四八年八月一五日に自由民主主義と資本主義を掲げた韓国が、また同年九月九日に社会主義に基づいて北朝鮮が独立政権を樹立したことで、南北は、建国段階から政治イデオロギーをめぐって対立することとなった。南北両側は、お互いに相手政府を独立国家と認めなかった。韓国は、国連監視下での南北総選挙による単一政府の樹立を主張し、北朝鮮は対話による平和統一を掲げながらも裏では武力統一を図るという二律背反的な態度をとっていた。

一九五〇年六月、北朝鮮の侵攻により勃発した朝鮮戦争は、韓国と北朝鮮を敵対関係にし、軍事的な対峙による南北分断体制を固定化した。南北分断体制により韓国では反共を掲げた李承晩の権威主義体制が登場し、北朝鮮では社会主義革命を唱える金日成《キムイルソン》独裁体制が定着し、南北統一は、さらに難しくなった。

2　朴正煕政権期（一九六一〜一九七九年）の南北関係

一九六〇年四月、学生革命により成立した張勉《チャンミョン》政権の時期（一九六〇〜一九六一年）には、市民社会で南北交流や統一に関する急進的な主張がなされたが、南北関係の進展は実際にはなかった。

一九六一年五月、軍事クーデターにより政権を掌握した朴正煕大統領は、徹底した反共主義をとり北朝鮮と対立しながら、対北関係では「先建設後統一」を掲げ、統一よりは経済建設に主軸を置いた。当時韓国は、国力の面で北朝鮮に劣勢であったため、朴正煕政権としては国力を充実化して経済・軍事的に北朝鮮を追い越すことが急務であった。

北朝鮮では一九五〇年の朝鮮戦争後、金日成独裁体制が確立され、韓国の共産化を企てた。金日成は、武力による韓国の共産化に失敗してからは武力侵攻よりは米軍撤退、民衆蜂起、反共政府打倒など韓国の内部崩壊を狙う戦略へと転換した。そのため北朝鮮から多くのスパイが韓国に潜入して社会混乱を引き起こした。

この時期に南北の指導者は、生存と安定の基盤を経済発展に求め、南北の軍事エネルギーを産業化競争に集中させ、著しい経済発展を成し遂げることができた。

一九七〇年代初め、世界的な緊張緩和が朝鮮半島にも影響を与え、南北間にも和解ムードが造成された。これにより、分断後初めての南北対話が行われた。つまり、経済発展を背景に朴正熙政権は、北朝鮮に非政治分野からの自主的な南北交流を提案して対話を呼びかけた。これは、韓国が初めて北朝鮮政権を対話や交渉の当事者として認めたことに大きな意義がある。これに対して北朝鮮は、一九七一年八月、韓国のすべての政党、社会団体、個人との交流を開始する用意があるとの反応を見せた。これをきっかけに南北対話が始まり、一九七二年七月には「自主・平和統一・民族大団結」という祖国統一三原則を基本内容とする「南北共同声明」が発表された。この声明を受けて「南北調節委員会」が設置され、統一問題が論議されるようになった。南北赤十字会談も順調に行われた。この時期南北関係はおおいに進展するように見えた。

しかし、一九七三年、朴正熙政権が南北の平和共存を内容とする「六・二三宣言」を提案すると、北朝鮮は、この提案が南北分断を永久化するための画策であると非難し、単一国号による南北連邦制の実施を主張した。北朝鮮は、南北連邦制実施の前提条件として「六・二三宣言」の取り消しや韓国の反共法と国家保安法の撤廃などを要求し、南北関係は再び停滞した。

この時期の南北対話の背景には、世界的なデタントムードがあったことは事実であるが、一方では、南北政権の内部的要因や戦略的思惑に基づいていたことを見逃してはならない。つまり、韓国は朴正熙大統領の永久政権を画策した維新憲法改正に対する国民の反発を外部にそらす目的で南北対話を利用したのであり、北朝鮮は金日成の独裁体制を強化するとともに、南北統一の雰囲気を造成して韓国から米軍を撤収させるなど韓国を共産化するための対南戦略として利用しようとしたのである。

3　全斗煥政権期（一九八〇〜一九八八年）の南北関係

一九七〇年代半ば以後、小康状態を維持してきた南北関係は、一九八三年一〇月に発生した北朝鮮による大統領暗殺未遂事件（ラングーン事件――ミャンマーを訪問した全斗煥《チョンドゥファン》大統領を暗殺しようとした事件）により悪化した。北朝鮮はこの事件により失墜したイメージを挽回するため、南北対話を呼びかけ、南北不可侵宣言の採択、北・米間の平和条約の締結、高麗民主連邦共和国創立案に対する協議などを内容とする「三者会談」を提案した。これにより南北は、一九八四年から一年間のあいだ、第一次経済会談、南北赤十字会談予備会談、第一次南北国会予備会談、離散家族の故郷訪問および芸術団の交換訪問、第一次体育会談を行い、分断後最初の大規模な人的交流により、南北関係は一段と進展を見せた。

しかし、北朝鮮は一九八六年、韓米合同軍事演習を理由に南北対話の全面中止を宣言し、南北交流は中断された。さらに、一九八七年一一月には北朝鮮の工作員により犯されたといわれる「大韓航空機爆破事件」が起き、南北関係は急速に冷却化した。

2 脱冷戦期の南北関係

1 盧泰愚政権・金泳三政権期（一九八八〜一九九八年）の南北関係

一九八〇年代末頃から盧泰愚政権は北方政策を進め、社会主義国家との関係改善を図る一方、北朝鮮を敵ではなく同伴者と位置づけ、北朝鮮との関係改善を図った。これにより韓国は、北朝鮮に経済交流のみでなく政治軍事問題を含む総合的な交流を提案した。さらに、「韓民族共同体統一案」（金《キム》泳三《ヨンサム》政権下では「民族共同体統一案」）を提案して統一問題に関しても積極的な姿勢をとった。これは、すでに国力の優位を背景に韓国が南北関係で主導権を握ったことを意味する。

一九九〇年代、脱冷戦に触発された国際情勢の変化は、南北関係にも影響を及ぼし、一九九一年九月には南北の国連同時加盟が実現した。また、同年一二月には平和統一を成し遂げるために共同努力をすることに合意して、「南北間の和解と不可侵及び交流・協力に関する基本合意書」が採択された。さらに、核兵器の実験・製造・使用禁止と核の平和的利用や核査察の受容を内容とする「韓半島非核化に関する共同宣言」も採択した。こうした「基本合意書」や「共同宣言」の採択により南北両国は、相手を合法的な国家と認めたうえで、平和共存体制を制度化するための基盤作りに乗り出したのである。

北朝鮮は、一九八〇年代後半から韓国を共産化することが不可能であることを認識し、韓国との対話と交流を通じて体制維持を図ることへと対南戦略を転換せざるをえなくなった。この時期から北朝鮮が「一民族一国家統一案」を否定し、「一民族一国家二制度二政府体制」を主張し始めたのは、韓国によるドイツ式の吸収統一を警戒したからである。一九九〇年代初めの友好的な南北関係は、北朝鮮の核開発問題をめぐって悪化した（北朝鮮は核問題を、韓国を排除したアメリカとの直接対話を通じて解決しようとした）。核問題をめぐって国際社会の非難が高まると北朝鮮は、南北首脳会談や米朝高位級会談を提案して局面の転換を図った。ところが、一九九四年、金日成の死亡によりこうした北朝鮮の試みは無為に終わった。金日成死亡後、韓国政府からの弔問団派遣問題をめぐって南北関係は再び停滞した。

2　金大中政権・盧武鉉政権期（一九九八〜二〇〇八年）の南北関係

進歩派の金大中政権は、南北の平和共存を重視し、南北間の交流と協力による相互利益を目標とする太陽政策（対北包容政策）を掲げ、北朝鮮との根本的な関係改善を図った。この政策は、一切の武力挑発の否定、吸収統一の排除、和解と協力の積極的な推進などを内容としている。これは、韓国が北朝鮮と平和共存を重視し、性急な統一、特に北朝鮮を吸収する形で統一を図る意思がないことを明らかにしたものである。金大中政権は、この政策に基づいて食糧の提供、経済協力、北朝鮮の国際化支援など様々な分野で北朝鮮を支援した。二〇〇〇年に行われた金大中大統領と金正日《キムジョンイル》国防委員長との南北首脳会談は、こうした太陽政策が生んだ成果であった。

北朝鮮は、韓国の太陽政策に慎重な態度をとりながらも、韓国の経済支援や国際社会の支持を体制維持に利用するため、韓国との関係改善に応じた。

盧武鉉政権も太陽政策を継承してさらに北朝鮮との関係改善に力を入れた。盧武鉉政権は、アメリカの対北強硬政策に反対し、核問題やミサイル問題を対話により解決することを主張し、北朝鮮の変化を引き出そうとしたのである。これは韓国と北朝鮮の相互不信や国力の差が大きくなればなるほど紛争の可能性が高くなり、民族統合を不可能にするとの認識から出された政策である。その結果、南北間では南北鉄道や道路の連結、金剛山《クムガンサン》観光の定期化、韓国企業による北朝鮮内での開城《ケソン》工業団地の建設などが進行し、人的交流も活発に行われるようになった。また、二〇〇七年一〇月に開催された第二次南北首脳会談で、南北の首脳は一層の経済協力はもちろん政治・軍事における協力にも合意した。

3　李明博政権・朴槿恵政権期（二〇〇八〜二〇一七年）の南北関係

保守派の李明博政権は、進歩政権が行った一〇年間の包容政策を批判し、制裁が中心となる強硬政策を展開した。つまり、北朝鮮の完全な非核化を国際社会との緊密な協力のなかで優先的に進め、北朝鮮の核実験やミサイル発射などの武力挑発には強硬に対応しようとした。また、北朝鮮に対する一方的な支援よりは南北間の相互主義を強調し、北朝鮮の人権問題の改善を重視した。

これに対し、北朝鮮は強く反発した。二〇〇八年には金剛山への韓国人観光客を射殺し、韓国の抗議で金剛山観光は中断した。二〇〇九年には二回目の核実験を行い、国連は強力な制裁措置を決議した。さらに、二〇一〇年には韓国海軍の哨戒艦の沈没事件が起こり、韓国政府は北朝鮮に対して独自の「五・二四」制裁措置を行った。主な内容は、南北間交易の全面中断、韓国領海への北朝鮮船舶の運航禁止などである。同年一一月には北朝鮮が韓国の延坪島を砲撃し、韓国も対応射撃する事件が起き、南北間の緊張は高まっていった。

朴槿恵政権は、発足初期に対北朝鮮政策として「韓半島信頼プロセス」を掲げ、硬直した南北関係の改善のための突破口を模索した。しかし、南北間で形式的な高位級会談と離散家族再会は行われたが、それ以上の進展はなかった。北朝鮮は、二〇一三年から二〇一六年まで、三回の核実験と長距離弾道ミサイル発射を行い、国連をはじめとする国際社会の制裁がますます強化されていった。それに歩調を合わせ、韓国政府も二〇一六年二月に開城工業団地の閉鎖を決定した。南北交流と協力の象徴的な事業であった金剛山観光と開城工団稼働の中断が示しているように、約九年間の保守政権の時期に、南北関係は冷戦期に逆戻りすることになった。

4　文在寅政権期（二〇一七年～）の南北関係

進歩派の文在寅政権は、北朝鮮に対する金大中政権と盧武鉉政権の融和政策を継承し、南北の対話と交流による平和共存と共同繁栄を進めようとする。その政策は、二〇一七年七月にドイツで発表された「ベルリン構想」で具体的に提示された。主な内容は、①北朝鮮の崩壊や韓国による吸収統一の拒否、②北朝鮮の安全保障と非核化の同時追求、③持続可能な平和体制の構築、④南北経済共同体の実現、⑤政経分離による非政治的な交流協力の推進などである。特に北朝鮮の非核化問題については、完全な核廃棄を対話の前提条件とせず、核開発の凍結後に、関係改善と対話とを通じて非核化に至るという段階論的解決策を主張した。また、北朝鮮に対する国際的な制裁には同調しながらも、対話による平和的な解決を強調した。

北朝鮮の金正恩《キムジョンウン》政権は、ベルリン構想の発表直後の二〇一七年九月に第六回核実験、一一月に大陸間弾道ミサイル「火星一五号」の発射など、軍事的な挑発を続けた。しかし、二〇一八年に入り、北朝鮮の選手団が平昌《ピョンチャン》冬季オリンピックに参加したことを契機に南北関係は劇的に変わった。同年四月と五月、九月に相次いで南北首脳会談が開かれ、四月には「板門店共同宣言」、九月には「平壌共同宣言」が発表された。また、同年六月には史上初めての米朝首脳会談がシンガポールで開催され、共同声明が発表された。

しかし、二〇一九年に入り南北関係は再び悪化した。同年二月にベトナムのハノイで開かれた第二次米朝首脳会談は、北朝鮮の非核化と制裁緩和をめぐる立場の違いで決裂した。それをきっかけに、北朝鮮は、米朝対話仲裁や南北関係改善への韓国の能力に強い不信感が持つようになった。実際に、北朝鮮の非核化や制裁の問題は、アメリカをはじめとした国際社会の要求と深く関わっており、その意味で文在寅政権の役割は限定的なものである。国連などの国際社会による北朝鮮制裁が続くなかで、文在寅政権が独自に、保守政権の下で決められた金剛山観光や開城工団稼働の中断、五・二四制裁措置などを解除することはできない。北朝鮮の非核化が進まない限り、南北関係の進展も難しいのである。

3 南北の統一案の比較

1 韓国の統一案

韓国は、建国後一九八〇年代後半の民主化まで、真剣に統一問題に取り組む意志を持っていなかった。一九五〇年代、六〇年代の李承晩政権は、国連監視下での総選挙による南北統一を主張したが、独自の統一案を持っていなかった。一九六〇年代、七〇年代の朴正熙政権は、「先建設後統一」を掲げ、統一能力の不備を理由に統一問題には消極的であった。一九七〇年代には南北対話を推進するなど北朝鮮との関係改善を図ったこともあったが、それは、独裁政権に対する国民の不満を統一問題に向かわせる側面が強かった。

一九八〇年代に入り、全斗煥政権は、「民族和合民主統一案」という独自の統一案を提示し、北朝鮮との対話を進めたが、南北関係の大きな進展はなかった。この時期の韓国の統一政策の特徴は、①真の統一意志が欠如したこと、②統一政策を独裁体制の強化・延長に利用したこと、③民間レベルでの統一議論を禁止したこと、④北朝鮮を敵と認識していたことなどを指摘することができよう。

韓国で統一論議が本格的に展開されるようになったのは、一九八七年「民主化宣言」が出され韓国社会が多様化していくなかで、盧泰愚大統領の「七・七宣言」によって北朝鮮が敵ではなく民族の生存と繁栄のための同伴者と定義されてからであった。盧泰愚大統領は、この宣言のなかで、民族共同体を形成するための南北間の人的・物的交流と協力の基本的政策方針を提示し、これにより一九八九年九月には「韓民族共同体統一案」を提案した。この統一案は、金泳三政権になってから三段階の「民族共同体統一案」へと名称を変えて提案されたが、その中身はほぼ同じである。

第一段階は、「和解協力の段階」として、南北の交流協力による相互信頼醸成、共同利益領域の拡大、民族同質性の回復を目指す。第二段階は、「南北連合の段階」として、交流協力の制度化のために「南北連合機構」の構成を目指す。この機構のなかには南北の首脳会議や長官会議、評議会、共同事務局などを設けるが、南北の政府は対外的な主権や権限を保つ。一民族二連合機構二国家二体制二独立政府の構想である。第三段階は、「統一国家の段階」として、南北が統一憲法を制定し、総選挙で統一議会と政府を構成する。一民族一国家一体制一政府を意味する。統一された国家では、すべての国民に政治的・経済的自由が保障され、福祉と人間的な尊厳が保障されることになる。

この統一案の特徴としては、①政治的な統合よりは、非政治的な分野における南北交流を重視するという機能主義的なアプローチ、②南北の信頼形成と南北連合という過渡期的プロセスを設定した漸進的で段階的なアプローチ、③北朝鮮を事実上の国家として認め、平和統一のパートナーとみなしたこと、④韓国の主導的な役割を想定していることなどを指摘することができる。

「民族共同体統一案」は、金泳三政権以後においても、韓国政府の公式の統一案として継承されている。政権ごとに対北朝鮮政策の具体的な内容や重きは異なるにしても、韓国政府は基本的に相互交流による信頼形成を統一プロセスの欠かせない段階と捉えているのである。

2　北朝鮮の統一案

北朝鮮の統一案は、主に連邦制統一案である。この案は、まず連邦制の形で国家統合を完成してから統一を成し遂げるという政治的統合論である。北朝鮮は、南北統一に関しておよそ一〇年周期で統一案の名前を変え韓国に提案していた。一九六〇年代には「南北連邦制」を提起した。その内容は、当分のあいだ南北の政治体制をそのままにして、南北政府の独自の活動を維持しながら両側の政府代表で構成される「最高民族委員会」を組織し、南北の経済と文化の発展を統一的に調整するという案であった。この案は、在韓米軍撤収を前提として提案され、韓国に対する経済的優位を背景に南北関係の主導権を握ろうとするのが真の狙いであった。

一九七〇年代には「高麗連邦共和国統一案」を提案した。これは、統一連邦の国号を高麗連邦と名づけた統一案である。この案では、南北の政府当局者だけでなく南北の各界各層の人民と政党、社会団体の代表で構成される「大民族会議」を招集して統一問題を協議することを提案した。これは、一九七三年、韓国政府が提案した南北同時国連加盟に反対するための逆提案であって、韓国の二つの朝鮮政策に対する反対の意思表明でもあった。

一九八〇年代には「高麗民主連邦共和国創立案」が提案された。この案は、今まで主張した連邦制をより具体化したもので、連邦の構成原則と連邦政府および地域政府の役割と機能を明らかにしたものである。すなわち、既存の思想と制度を維持したまま南北が同時に参加する民族統一政府を構成して、南北は地域自治体の形で活動するという案であった。その連邦国家は中立国家で、南北同数の代表と海外同胞代表で「最高民族連邦会議」を構成し、連邦国家の全般的な事業を管轄するというものであった。北朝鮮は、この統一案の前提条件として、韓国の反共法と国家保安法を廃止すること、韓国で共産党を含めすべての政党を合法化すること、韓国で強圧的な統治体制を清算すること、停戦協定を平和協定に変えること、米軍を撤退させることなどを要求した。このように統一の前提として韓国が受け入れ難い条件を要求したことにより、南北の統一論議は空転した。

脱冷戦期の一九九〇年代に入ってから、北朝鮮は「高麗民主連邦共和国創立案」を踏襲しながらも、連邦共和国の地域的自治政府により多くの権限を与えてから次第に連邦共和国の権限を強化する、という段階論的な統一も可能であることを示唆した。さらに、金日成は談話のなかで、統一の最終段階は後世に委ね、まずは国家連合の形態を帯びた「一民族一国家二制度二政府」形態を維持することを主張した。この統一案で注目すべきは、地域自治政府、つまり、今の南北政府に軍事・外交権を現行どおり認めたことと、最終的な統一を後世に委ねたことである。これは、現在の南北体制をそのまま維持し、韓国を共産化するという従来の革命路線を断念して、北朝鮮体制の現状維持を優先したことを意味する。一九九〇年代に入ってから北朝鮮の統一案は、攻勢的な統一案から守勢的な統一案に代わっていることがわかる。

南北の統一案を比較してみれば、韓国の統一案は、南北の和解と協力関係を深め、民族統一を成し遂げた後、国家統一を達成するという機能主義統合論に基づいた段階論的な統一案であるのに対して、北朝鮮の統一案は、先に国家統一を完成してから民族統一を達成するという政治的統合論に基づいた連邦制的統一案であることがわかる。つまり、北朝鮮は民族統合よりは国家統合を重視している。しかし、南北はすでに七〇年以上も分断されていて、それぞれの住民は同じ民族でありながら、政治イデオロギーのみでなく価値観や世界観、それに生活習慣にいたるまであらゆる分野で大きく異なっている。南北の統一には、国家統合に先立って両側の住民が同じ民族としてのアイデンティティを取り戻す過程が必要である。こうした過程が省略された国家統合は南北住民の葛藤を引き起こし、かえって民族的混乱を招く可能性がある。異なる体制下で七〇年あまりを過ごした人々が民族的アイデンティティを取り戻すのは容易なことではない。時間と費用をかけ忍耐をもって民族統合を成し遂げた後、国家統合による南北統一を達成するのがより現実的な統一案であろう。

韓国現代政治史年表

共和国	大統領	在任期間	年月	重要争点および事件
軍政期		45.8.15 ～ 48.8.14	45・08	日本の降伏
			45・09	連合軍、38度線を境に米ソによる南北分割占領策発表
			45・10	李承晩米国から帰国
			45・11	金九ら大韓民国臨時政府メンバー帰国
			45・12	米英ソ、5年間の韓国信託統治案決定
			46・03	朝鮮独立に関する第1次米ソ共同委員会開催
			46・12	李承晩、南の単独政権樹立主張
			47・05	第1次米ソ共同委員会再開
			47・12	金九、南の単独政権樹立反対声明
			48・05	南単独の第1代国会議員選挙、制憲国会開会
			48・07	国号を大韓民国に決定、大韓民国憲法制定公布 国会、第1代大統領に李承晩選出
第1共和国	（1代）李承晩	48.8.15 ～ 52.8.14	48・08	大韓民国樹立
			48・09	朝鮮民主主義人民共和国樹立、金日成首相就任
			48・12	国家保安法公布
			48・12	国連韓国政府承認
			49・04	日韓貿易協定調印
			49・06	農地改革法公布
			49・06	金九暗殺
			49・07	地方自治法制定
			50・01	韓米相互防衛援助条約締結
			50・05	第2代国会議員選挙
			50・06	朝鮮戦争勃発
			51・05	第1次日韓国交会談東京で開催
			52・04	地方議会議員選挙
			52・07	抜粋改憲案（大統領制と内閣制の折衷案）可決
			52・08	第2代大統領選挙（李承晩当選）
	（2代）李承晩	52.8.15～56.8.14	53・02	独島（竹島）領有権声明
			53・07	朝鮮戦争休戦協定調印
			53・10	韓米相互防衛条約調印
			54・05	第3代国会議員選挙

権限代行期			第1共和国	
	権限代行(郭尚勳《カクサンフン》)	権限代行(許政《ホジョン》)	(3代) 李承晩	
	60.6.17～60.6.22	60.4.28～60.6.16	56.8.15 ～ 60.4.27	
60・07 第5代国会議員選挙(民主党圧勝)	60・06 国会議長が大統領権限代行に就任したが国会議員選挙のため辞退 60・06 議院内閣制と二院制国会の導入を中心とする改憲	60・04 許政過渡政府樹立 60・05 李承晩ハワイ亡命	58・05 第4代国会議員選挙 59・01 李承晩大統領4選出馬意志表明 60・03 第4代大統領選挙(3・15不正選挙、無効) 60・04 4・19学生革命発生(死亡 142人) 60・04 李承晩大統領辞任	54・11 初代大統領重任制限撤廃改憲 55・08 国際通貨基金加盟 56・05 第3代大統領選挙(李承晩当選)

過渡期	第2共和国	
権限代行(朴正熙)	張勉総理／(4代) 尹潽善	権限代行(許政)
61.5.16 ～ 63.12.16	60.8.13 ～ 61.5.16	60.6.23～60.8.12
61・05 国家再建最高会議発足(議長、朴正熙) 62・01 第1次経済開発5カ年計画発表 62・03 尹潽善大統領辞任 62・03 朴正熙議長、大統領権限代行 62・11 金鍾泌中央情報部長、大平外相と請求権問題解決 62・12 大統領中心制に改憲 63・02 民主共和党結成 63・10 第5代大統領選挙(朴正熙当選) 63・11 第6代国会議員選挙	60・08 尹潽善大統領就任、張勉総理国会承認 60・11 不正選挙処罰改憲 61・04 革新政党と大学生、南北協商と中立化統一推進 61・05 5・16軍事クーデター発生	60・08 国会、第4代大統領に尹潽善選出 60・08 民主党旧派分党宣言

共和国	代	期間	年・月	事項
第3共和国	（5代）朴正煕	63.12.17 ～ 67.6.30	63・12	朴正煕大統領就任
			64・06	反政府学生デモ発生
			65・06	日韓基本条約調印
			65・12	日韓基本条約批准、日韓国交正常化
			66・07	第2次経済開発5カ年計画発表
			66・09	ベトナム戦争へ韓国軍派遣
			67・05	第6代大統領選挙（朴正煕当選）
			67・06	第7代国会議員選挙
	（6代）朴正煕	67.7.1 ～ 71.7.2	68・12	国民教育憲章宣布
			69・06	3選改憲案反対デモ
			69・07	ニクソン米大統領、グアム・ドクトリン発表
			69・10	3選改憲案国民投票で可決
			70・09	新民党金大中大統領候補指名
			71・02	韓米、駐韓米軍削減合意
			71・02	第3次経済開発5カ年計画発表
			71・02	ニクソン米大統領、ニクソン・ドクトリン発表
			71・04	第7代大統領選挙（朴正煕当選）
			71・05	第8代国会議員選挙
			71・09	南北赤十字社会談
			71・12	朴正煕大統領、国家非常事態を宣言
			72・02	米中共同声明発表

共和国	代	期間	年・月	事項
第3共和国	（7代）朴正煕	71.7.3 ～ 72.12.26	72・07	南北共同声明発表
			72・10	朴正煕大統領、非常戒厳令宣布、国会解散
			72・11	改憲案国民投票、維新憲法宣布
			72・12	統一主体国民会議、朴正煕を第8代大統領に選出
第4共和国	（8代）朴正煕	72.12.27 ～ 78.12.26	73・02	第9代国会議員選挙
			73・08	金大中拉致事件
			74・01	大統領緊急措置1号（維新憲法への否定・反対・誹謗行為禁止）、2号（非常軍法会議設置）を宣布
			74・08	在日韓国人文世光による朴正煕大統領狙撃事件発生（陸英修大統領夫人死亡）
			75・02	維新体制に対する国民投票実施（賛成73％）
			75・04	反政府デモにより高麗大学休校措置
			76・03	金大中など民主救国宣言発表
			76・03	尹潽善元大統領維新憲法撤廃主張
			76・06	第4次経済開発5カ年計画発表
			77・03	カーター米大統領駐韓米軍段階的撤収を言明

第4共和国			
	(9代) 朴正熙	権限代行(崔圭夏)	(10代) 崔圭夏
	78.12.27～79.10.26	79.10.27 ～ 79.12.20	79.12.21～80.8.16
78・03 韓米合同軍事演習開始 78・07 統一主体国民会議、第9代大統領に朴正熙選出 78・12 第10代国会議員選挙(野党新民党32・8%、与党共和党31・7%)	79・10 釜山で大学生の反政府デモ激化、非常戒厳令宣布 79・10 中央情報部長の銃撃により朴正熙大統領死亡	79・10 崔圭夏国務総理、大統領権限代行に就任 79・12 全斗煥保安司令官、鄭昇和戒厳司令官を連行(12・12粛軍クーデター) 79・12 統一主体国民会議、第10代大統領に崔圭夏選出	80・05 光州民主化運動発生 80・05 全国非常戒厳令宣布 80・08 崔圭夏大統領辞任

第4共和国		第5共和国
権限代行(朴忠勲《パクチュンフン》)	(11代) 全斗煥	(12代) 全斗煥
80.8.17～80.8.31	80.9.1 ～ 81.3.2	81.3.3 ～ 88.2.24
80・08 統一主体国民会議、第11代大統領に全斗煥選出	80・10 第5共和国憲法に対する国民投票(可決) 80・11 金大中、内乱陰謀罪で死刑宣告 81・01 民主正義党結成 81・01 非常戒厳令解除 81・02 大統領選挙員団、第12代大統領に全斗煥選出	81・03 全斗煥大統領就任 81・03 第11代国会議員選挙 83・05 金泳三総裁断食闘争で抑圧体制緩和される 84・05 民主化推進協議会発足 83・10 ラングーン爆弾テロ事件 84・09 全斗煥大統領日本訪問(天皇、両国の不幸な過去に遺憾表明) 85・02 第12代国会議員選挙(野党新韓民主党躍進) 85・03 金泳三・金大中・金鍾泌の政治活動規制解除

共和国	大統領	年月	事項
第5共和国		85・04	全国学生総連合会結成
		85・08	新韓民主党、民主化運動勢力と改憲署名運動開始
		86・03	高麗大学教授28人、時局宣言文発表
		86・09	ソウルでアジア競技大会開催
		87・01	ソウル大学生朴鐘哲、警察の拷問により死亡、反政府運動全国に拡散
		87・04	全斗煥大統領護憲声明発表
		87・06	盧泰愚民政党代表議員「6・29民主化宣言」発表
		87・10	大統領直選制を骨子とする改憲案確定
		87・11	大韓航空機爆破事件
		87・12	第13代大統領選挙（盧泰愚当選）
第6共和国	（13代）盧泰愚 88.2.25 ～ 93.2.24	88・04	第13代国会議員選挙
		88・09	ソウルオリンピック開催
		88・11	全斗煥前大統領国民に謝罪後百潭寺に隠遁
			民主正義党・民主党（金泳三）・共和党（金鍾泌）が民主自由党を結成
		90・05	盧泰愚大統領日本訪問
		90・09	ソ連と国交正常化
		91・03	基礎自治団体議会議員選挙

共和国	大統領	年月	事項
第6共和国		91・06	広域自治団体議会議員選挙
		91・09	南北国連加盟
		91・12	朝鮮半島非核化に関する南北共同宣言調印
		92・03	第14代国会議員選挙
		92・08	中国と国交正常化
		92・12	第14代大統領選挙（金泳三当選）
	（14代）金泳三 93.2.25 ～ 98.2.24	93・04	軍部内私組織解体など政治軍人排除
		93・08	金融実名制実施
		94・03	金泳三大統領日本訪問
		94・03	政治改革関連法成立
		94・07	北朝鮮金日成主席死亡
		95・06	初の地方自治団体首長選挙
		95・07	不動産実名制実施
		95・11	盧泰愚前大統領収賄容疑で逮捕
		95・12	全斗煥前大統領反乱首謀容疑（12・12クーデター）で逮捕
		96・04	第15代国会議員選挙
		96・10	ＯＥＣＤ加盟
		97・04	全斗煥元大統領に無期懲役（後赦免）、盧泰愚前大統領に懲役一七年宣告（後赦免）
		97・11	経済危機によりＩＭＦ管理体制

第6共和国		
	(15代) 金大中	
	98.2.25 ～ 03.2.24	

	に入る
97.11	ハンナラ党結成
97.12	第15代大統領選挙（金大中当選）
98.02	北朝鮮に対する太陽政策を発表
98.04	公職者財産登録実施
98.10	金大中大統領日本訪問、日本大衆文化の段階的開放を決定
99.01	新日韓漁業協定批准動議案を強行処理
00.04	第16代国会議員選挙
00.06	南北首脳会談実現
00.12	金大中大統領ノーベル平和賞受賞
02.09	小泉首相韓国訪問
02.12	第16代大統領選挙（盧武鉉当選）
03.11	ウリ党結成
04.03	韓国国会、盧武鉉大統領弾劾訴追決議
04.04	第17代国会議員選挙（ウリ党圧勝）
04.05	憲法裁判所、盧武鉉大統領弾劾訴追棄却
04.10	4大改革法推進（過去史法制定・私立学校法改正・言論関係法制定・国家保安法廃止）

第6共和国	
(16代) 盧武鉉	(17代)李明博
03.2.25 ～ 08.2.24	08.2.25～13.2.24

04.10	新行政首都法違憲判決
04.12	盧武鉉大統領日本訪問、小泉首相と日韓首脳会談
04.12	日帝強占下反民族行為真相糾明特別法成立
05.04	国会議員・地方自治首長補欠選挙でウリ党惨敗
05.05	真実究明と和解のための基本法（過去史法）成立
05.06	盧武鉉大統領アメリカ訪問、米韓同盟強化・北朝鮮核問題協議
05.08	ハンナラ党に連立政府提案
06.06	地方選挙で与党敗北
06.09	盧武鉉大統領アメリカ訪問、北朝鮮問題協議
07.04	米韓ＦＴＡ協商妥結
07.05	南北京義線鉄道連結合意
07.08	ウリ党分裂、大統合新党結成
07.10	南北首脳会談
07.12	17代大統領選挙（李明博当選）
08.04	第18代国会議員選挙
08.04	米国産牛肉輸入発表とロウソクデモ
08.07	韓国人観光客の射殺事件で金剛

第6共和国	
	(18代) 朴槿恵
	13.2.25 ～ 17.3.10

	山観光事業の中断
08・12	開城観光事業の中止
09・05	盧武鉉前大統領の自殺
09・08	金大中元大統領の死去
10・03	韓国哨戒艦「天安」の沈没事件
10・05	北朝鮮に対する韓国の5・24制裁措置発表
10・06	全国地方自治選挙
10・10	韓国とEUのFTA締結
10・11	ソウルでG20サミット開催
10・11	北朝鮮による韓国延坪島砲撃
11・12	北朝鮮の金正日国防委員長死亡
12・03	ソウルで核安保首脳会議開催
12・04	第19代国会議員選挙
12・12	第18代大統領選挙(朴槿恵当選)
13・11	政府が憲法裁判所に統合進歩党の解散請求
14・04	韓国旅客船「歳月号」の沈没事故
14・12	統合進歩党解散判決
15・06	中韓FTA締結
15・12	日韓政府が従軍慰安婦問題解決に合意
16・02	北朝鮮の第4回核実験
16・02	開城工業団地の閉鎖

第6共和国		
	権限代行(黄教安)	(第19代) 文在寅
	17.3.11～17.5.9	17.5.10 ～(22.5.9)

16・04	第20代国会議員選挙
16・07	米軍のサード(高高度迎撃)ミサイルの韓国配備計画を公式発表
16・10	崔順実ゲート(国政壟断疑惑)事件の表面化
16・11	ロウソク抗議集会の全国的拡散
16・12	国会で大統領弾劾訴追可決、大統領職務停止
17・03	憲法裁判所が弾劾認容、大統領職罷免、拘束
17・05	第19代大統領選挙(文在寅当選)
17・09	サード(高高度迎撃)ミサイルの配備
18・02	平昌冬季オリンピック開催、北朝鮮の高位級代表団の訪南
18・03	李明博元大統領の拘束
18・04	第1次南北首脳会談
18・05	第2次南北首脳会談
18・06	第1次米朝首脳会談(シンガポール)

第6共和国
18・06　全国地方自治体選挙（与党「共に民主党」の圧勝） 18・09　第3次南北首脳会談 18・10　韓国大法院（最高裁）が元徴用工への賠償確定判決 18・07　法定労働時間の短縮（週52時間） 19・02　第2次米朝首脳会談（ベトナム・ハノイ） 19・06　米朝首脳の板門店会談 19・07　日本政府の対韓輸出規制発表 19・12　高位公職者犯罪捜査処法の制定 20・04　第21代国会議員選挙（与党「共に民主党」の圧勝）

参考文献

韓国語（単行本）

韓国語の本の書名は日本語に翻訳した。また、著者名は漢字表記が不明なものがあるため、すべて片仮名で表記した。

アン・ビョンマン『韓国政府論』茶山出版社、一九八九年
アン・ヨンモ『金大中大解剖』図書出版ウォンギョン、二〇〇一年
イ・ウォンヒョン『韓国の外交戦略』博英社、二〇〇三年
イ・ジフン『韓国政治文化と政治参加』蛍雪出版社、一九八九年
イ・ジョンシク『韓国政治状況の諸断面』高麗苑文化叢書、一九八三年
イ・シンヒョン『韓国の社会運動と政治変動』民音社、二〇〇三年
イ・テホァン編『頂上外交と韓半島』世宗研究所、二〇〇〇年
イ・ビョンホァ『政治理論と韓国政治』世宗出版社、一九九五年
イ・ホジェ『韓国外交政策の理想と現実』法文社、二〇〇〇年
イ・ボンジュン、キム・ウィゴン編『韓国外交政策論』法文社、一九九三年
イ・ヨンウォン『第二共和国と張勉』汎友社、一九九九年
イ・ヨンヒ『韓国民族主義』瑞文堂、一九七七年
オ・イルホァン『現代韓国政治の争点』乙酉文化社、二〇〇〇年
イム・チャンホァン『韓国民主政治と官僚主義』学文社、二〇〇二年
オ・ギピョン『韓国外交論』図書出版オルム、一九九四年
カン・ウォンテク『韓国の選挙政治』プルンキル、二〇〇三年
韓国政治外交史学会編『韓国現代政治史』集文堂、一九九七年
韓国政治学会編『韓国外交史1』集文堂、一九九三年
韓国政治学会編『韓国議会政治と制度改革』ハヌルアカデミー、二〇〇四年

カン・ジョンイン『世界化・情報化・民主主義』文学と知性社、一九九八年
カン・ムング『韓国民主化の批判的探索』ダンデ、二〇〇三年
カン・ヨンギ『現代地方自治論』大栄文化社、一九九九年
キム・ウンテほか『韓国政治論』博英社、二〇〇四年
キム・ジェハンほか『韓国政治外交の理念と論題』ソファ、一九九五年
キム・ジェホ『文民時代の軍部と政治』ナナム、一九九二年
キム・ジョンオン『韓国外交発展論』集文堂、一九九六年
キム・ジョンホンほか『米中日対外政策』釜山外国語大学校出版部、一九九八年
キム・ダルズン編著『韓国の外交』オルム、一九九八年
キム・チャンフン『韓国外交の今日と昨日』ダラクウォン、二〇〇二年
キム・ハクジュン『韓国政治論』ハンギルサ、一九八四年
キム・ホジン『韓国政治体制論』博英社、二〇〇三年
キム・ヨンウク『韓国政治論』オルム、二〇〇四年
キム・ヨンミョン『韓国現代政治史』乙西文化社、一九九九年
キル・スンフムほか『韓国現代政治論』法文社、一九九五年
ク・ギョンソ『現代メディア政治』建国大学校出版部、二〇〇二年
クリスチャンアカデミー市民社会情報フォーラム編『市民が開きゆく知識情報社会』対話出版社、一九九九年
現代日本学会編『二一世紀韓日関係』法文社、一九九七年
国際関係研究会『東アジア国際関係と韓国』乙酉文化社、二〇〇三年
ソン・ヨンウ『韓国の外交』平民社、二〇〇〇年
ゾン・ドクジュほか『対外政策論』博英社、二〇〇三年
チ・ビョンムンほか『韓国政治の新しい認識』博英社、二〇〇一年
チェ・ジャンジップ『民主化以後の民主主義―韓国民主主義の保守的起源と危機―』フマニタス出版、二〇〇二年

チェ・ジャンジップ、イム・ヒョンジン編『韓国社会と民主主義』ナナム出版、一九九七年
チェ・チャンホ『地方自治の理解』三英社、一九九八年
チェ・ドンハン『脱冷戦時代の韓国の外交政策』社会文化研究所、一九九八年
チェ・ハンス『韓国政治の理解』建国大学校出版部、一九九九年
チェ・ハンス編著『韓国の政治』大旺社、一九九七年
チェ・ムンヒュ『インターネットとTV時代の選挙戦略』図書出版イエウォン、二〇〇二年
チュ・スォンス『市民社会とNGO論争―主要概念・モデル・理論―』漢陽大学校出版部、二〇〇一年
チョ・ソクジャン『韓国のe-ポリティクス』響宴、二〇〇四年
チョン・ウンスック『米・中・日・露の対北政策』世宗研究所、二〇〇一年
チョン・ヨングック『韓国の政治過程』白山書堂、二〇〇三年
チン・ドクキュ『現代民族主義の理論構造』知識産業社、一九八三年
共にする市民行動編『インターネット韓国の一〇の争点』歴史ネット、二〇〇二年
パク・ジェチャン『韓国議会政治論』オルム、二〇〇三年
パク・ジェチャン『韓国議会改革論』オルム、二〇〇四年
パク・ソンホ『インターネットメディアの理解と活用』コミュニケーションブックス、二〇〇二年
パク・ホソン、イ・ジョンチャンほか『韓国の権力構造論争』プルビッ、二〇〇〇年
ハン・スンジュ『世界化時代の韓国外交』知識産業社、一九九五年
ハン・スンゾ『韓国民主主義』蛍雪出版社、一九八四年
ハン・ベホ『韓国政治文化と民主政治』法文社、二〇〇三年
ハン・ヨング、ユン・ドクミン編『現代韓日関係資料集1』オルム、二〇〇三年
ファン・イワン『政治ワクチンe-ポリティクス』架橋出版、二〇〇四年
ベク・ソンキ『サイバー選挙とインターネット』コミュニケーションブックス、二〇〇一年
民主労働党政策委員会『D-730金大中政府三年

評価と代案』イフ、二〇〇一年
ミン・ジュンギほか『韓国の政治』ナナム出版、一九九八年
ミン・ジュンギ編著『二一世紀韓国の政治』法文社、二〇〇一年
ユ・ミンホほか『e-ポリティクス・ドット・コム』ドブロスプ、二〇〇〇年
ユン・ヒョンソブほか『韓国政治をどのように見るべきか』博英社、二〇〇三年
ユン・ヨンミン『サイバー空間の政治』漢陽大学校出版部、二〇〇〇年

日本語（単行本）

李鐘元『東アジア冷戦と韓米日関係』東京大学出版会、一九九六年
李鐘元・木宮正史・磯崎典世・浅羽祐樹『戦後日韓関係史』有斐閣アルマ、二〇一七年
李分一『現代韓国と民主主義』大学教育出版社、一九九九年
李鎔哲『韓国プロテスタントの南北統一の思想と運動―国家と宗教の間で―』社会評論社、二〇〇七年
五十嵐暁郎『民主化時代の韓国』世織書房、一九九三年
伊豆見元・張達重『金正日体制の北朝鮮』慶應義塾大学出版会、二〇〇四年
伊藤亜人・韓敬九『韓日社会組織の比較』慶應義塾大学出版会、二〇〇二年
岩崎正洋編『サイバーポリティクス』一藝社、二〇〇一年
小此木政夫・文正仁・西野純也編著『転換期の東アジアと北朝鮮問題』慶応義塾大学出版会、二〇一二年
小此木政夫編『ポスト冷戦の朝鮮半島』日本国際問題研究所、一九九四年
菅英輝編著『朝鮮半島―危機から平和構築へ―』社会評論社、二〇〇四年
木宮正史『韓国―民主化と経済発展のダイナミズム―』ちくま新書、二〇〇三年
木宮正史『国際政治のなかの韓国現代史』山川出版社、二〇一二年
金哲洙『韓国憲法五〇年』敬文堂、一九九八年
金洪圭『韓国司法制度入門』信山社、二〇〇一年
金栄鎬『現代韓国の社会運動』社会評論者、二〇〇一年
木村幹『朝鮮/韓国ナショナリズムと小国意識』ミ

ネルヴァ書房、二〇〇〇年
木村幹『朝鮮半島をどう見るか』集英社新書、二〇〇四年
木村泰樹・小林昌之編『東アジアの憲法制度』アジア経済研究所、一九九九年
権五琦・若宮啓文『韓国と日本』朝日新聞社、二〇〇四年
グレゴリー・ヘンダーソン『朝鮮の政治社会』（鈴木沙雄ほか訳）、サイマル出版会、一九七三年
高翔龍『現代韓国法入門』信山社、一九九八年
高翔龍『韓国法』信山社、二〇〇七年
高龍秀『韓国の経済システム』東洋経済新報社、二〇〇〇年
小林良彰・任爀伯『日本と韓国における政治とガバナンス』慶應義塾大学出版会、二〇〇四年
孔星鎮・川勝平太編『韓国の政治』早稲田大学出版部、一九九七年
清水敏行『韓国政治と市民社会』北海道大学出版会、二〇一一年
慎斗範『韓国政治五十年』ブレーン出版、一九九九年
曽根泰教・崔章集『変動期の日韓政治比較』慶應義塾大学出版会、二〇〇四年
武田康裕『民主化の比較政治』ミネルヴァ書房、二〇〇一年
田中誠一『韓国官僚制の研究』大阪経済法科大学出版部、一九九七年
池明観『日韓関係史研究』新教出版社、一九九九年
崔章集『現代韓国の政治変動』（中村福治訳）、木鐸社、一九九七年
辻中豊・廉載鎬編著『現代韓国の市民社会・利益団体』木鐸社、二〇〇四年
中名生正昭・朴進山『日本と韓国の官僚制度—その成立と変遷—』南雲堂、二〇〇四年
西尾昭『韓国その法と文化』啓文社、一九九三年
韓江九『韓江九の韓国現代史』（高崎宗司訳）、平凡社、二〇〇三年
森山茂徳『韓国現代政治』東京大学出版会、一九九八年
尹景徹『分断後の韓国政治』木鐸社、一九八六年
横江公美『e-ポリティクス』文藝春秋、二〇〇一年
吉田博司・小倉紀蔵編『韓国学のすべて』新書館、二〇〇二年
和田春樹『日本・韓国・北朝鮮—北東アジアに生きる—』青丘文化社、二〇〇三年

英語（単行本）

Almond, Gabriel A., and Sidney Verba, *The Civic Culture*, Boston: Little, Brown, 1963.

Brecher, Jeremy, and Tim Costello, *Global Village or Global Pillage: Economic Reconstruction from the Bottom Up*, Cambridge: South End Press, 1994.

Geertz, C. *The Interpretation of Cultures*, New York: Basic Books, 1973.

Giddens, Anthony, *The Third Way: The Renewal of Social Democracy*, Cambridge: Polity Press, 1998.

Hirst, Paul, *Associative Democracy: New Forms of Economic and Social Governance*, Amherst: University of Massachusetts Press, 1994.

Inglehart, Ronald, *The Silent Revolution*, Princeton: Prinston University Press, 1977.

Kautsky, John, *Political Change in Underdeveloped Countries*, New York: John Wiley & Sons, 1963.

Keane, John, *The Media and Democracy*, Cambridge: Blackwell, 1991.

O'Donnell, Guillermo A., *Modernization and Bureaucratic-Authoritarianism*, Berkeley: Institute of International Studies, University of California, 1973.

Pye, Lucian W., and Sidney Verba, eds., *Political Culture and Political Development*, Princeton: Princeton University Press, 1969.

Splichal, Slavko, Andrew Calabrese, and Colin Sparks, eds., *Information Society and Civil Society: Contemporary Perspectives on the Changing World Order* (Science and Society: A Purdue University Press Series), West Lafayette: Purdue University Press, 1994.

＊韓国と日本の論文・新聞などの参考資料の記載は省略した。

事項索引

地名索引

索　引

人名索引

【著者紹介】

孔　義植（コン・ウィシク）

日本大学大学院政治学研究科博士課程満期退学（法学博士：九州大学）

前日本大学法学部教授

〈主要著作〉

『韓国現代政治入門』（共著）芦書房

『統治システムの理論と実際』（共著）南窓社

『日本現代政治の理解』（韓国語）世宗出版社，ほか多数

鄭　俊坤（チョン・ジュンコン）

明治大学大学院政治経済学研究科博士課程修了（政治学博士）

現在　ユーラシア財団 from Asia 首席研究員，明治大学講師

〈主要著作〉

『韓国現代政治を読む』（共著）芦書房

『アジア共同体の創成に向かって』（編著）芦書房

『アジアの地域統合を考える―戦争をさけるために―』（共著）明石書店，ほか多数

李　鎔哲（イ・ヨンチョル）

早稲田大学大学院政治学研究科博士課程修了（政治学博士）

現在　早稲田大学社会科学総合学術院客員教授

〈主要著作〉

『韓国プロテスタントの南北統一の思想と運動―国家と宗教の間で―』社会評論社

『歴史の中のアジア地域統合』（共著）勁草書房

『自由主義の再検討』（韓国語訳書）白山書堂，ほか多数

韓国現代政治の理解

■発　行――2020年7月15日初版第1刷
■著　者――孔義植・鄭俊坤・李鎔哲
■発行者――中山元春
■発行所――株式会社芦書房
〒101-0048 東京都千代田区神田司町2-5
電話 03-3293-0556　FAX03-3293-0557
http://www.ashi.co.jp
■印　刷――モリモト印刷
■製　本――モリモト印刷

ISBN978-4-7556-1312-8 C0031

本書は、『韓国現代政治を読む』（二〇〇八年八月、芦書房刊）に所収した各章に新たな節を加えるなど加筆・修正をして刊行したものである。